Cyrill Seifert

LOKS UND TRIEBWAGEN DER SBB

Schweizerische Bundesbahnen seit 1902

transpress

Einbandgestaltung: Luis dos Santos
Fotos: C. Seifert
Bildnachweis:
Die zur Illustration dieses Buches verwendeten Aufnahmen stammen – wenn nichts anderes vermerkt ist – vom Verfasser.

ISBN 978-3-613-71647-6

1. Auflage 2022

Sie finden uns im Internet unter www.transpress.de

Lektor: Hartmut Lange
Innengestaltung: DÄNEKAS GRAFIK. ILLUSTRATION, 27243 Groß Ippener
Repro: Hannes Dänekas
Druck: GPS
Bindung: GPS
Printed in Bosnia-Herzegovina

Vor gut 175 Jahren, am 7. August 1847, fuhr der erste Zug in der Schweiz auf einer vollständigen auf Schweizer Boden liegenden Bahnlinie. Die erste Strecke auf dem Territorium der Schweiz ist allerdings die Linie vom französischen St-Louis bis nach Basel, welche bereits am 15. Juni 1844 eingeweiht werden konnte. Dennoch dauerte es danach noch über ein halbes Jahrhundert, ehe auf den 1. Januar 1902 die heutige SBB gegründet wurde. Zuvor wurden die Strecken durch zahlreiche Vorgängerbahnen der SBB betrieben, was einen ziemlich »kunterbunten« Rollmaterialpark mit sich brachte und erst im Laufe der Zeit etwas vereinheitlicht werden konnte.

Bereits 1905 (einige Bahnen fuhren schon früher unter Fahrleitung) fand auf der Strecke von Zürich Seebach nach Wettingen ein elektrischer Versuchsbetrieb mit Einphasen-Wechselstrom statt, welcher dann 1909 wieder endete. Die große Welle der Elektrifizierung setzte schließlich in den zwanziger Jahren ein, bis 1960 waren sämtliche SBB-Strecken, sieht man mal von der Güterstrecke Etzwilen – Singen ab, elektrifiziert. Somit kamen in den vierziger Jahren bereits die ersten elektrischen Lokomotiven ohne Laufachsen in Betrieb, während zum selben Zeitpunkt in anderen Ländern immer noch Dampflokomotiven gebaut wurden. Einen besonderen Status hatte die Brünigbahn als einzige Schmalspurlinie der SBB; sie verbindet Luzern mit Interlaken Ost.
Die Brünigbahn fusionierte schließlich mit der ehemaligen Luzern-Stand-Engelberg-Bahn zur heutigen Zentralbahn. Einige weitere, markante Ereignisse waren:

- ***1980 Eröffnung des Bahnhofs Zürich Flughafen***
- ***1982 Einführung des Taktfahrplans***
- ***1987 Annahme des Eisenbahngroßprojektes Bahn 2000 durch das Stimmvolk***
- ***2004 Eröffnung Neubaustrecke Mattstetten – Rothrist***
- ***2015 Eröffnung Durchmesserlinie Altstetten – Zürich HB – Oerlikon***
- ***2016 Eröffnung des Gotthard-Basistunnels (57,1 km)***

Was vor 175 Jahren mit einem einfachen Dampfzug begann, hat sich bis heute zum dichtesten und einem der modernsten Eisenbahnnetze weltweit entwickelt. Auch in Sachen gefahrene Bahnkilometer sind die Schweizer zusammen mit Japan die »Weltmeister im Bahn fahren«.
Doch der Ausbau geht weiter: es entstehen neue Haltestellen, zudem werden Bahnhöfe, Haltestellen und das Rollmaterial für den Personenverkehr behindertenfreundlich gebaut oder modernisiert und neues Rollmaterial ersetzen ältere Fahrzeuge.
Somit bleibt die SBB ein konkurrenzfähiges Unternehmen für den Transport von Personen und Gütern, was selbstverständlich auch den knapp 34'000 Mitarbeitern und deren unermüdlichem Einsatz zu verdanken ist.

Cyrill Seifert, Effretikon

INHALT

Die Triebfahrzeuge der SBB

Das gesamte, motorisierte Rollmaterial der SBB lässt sich im Prinzip in sechs verschiedene Kategorien aufteilen: Streckenlokomotiven, Rangierlokomotiven, Triebzüge, Triebwagen, Traktoren und Dienstfahrzeuge.
Die Streckenlokomotiven verschiedenster Baureihen kommen im Personen- wie auch im Güterverkehr schweizweit zum Einsatz. Im Personenverkehr kommen sie hauptsächlich mit IC 2000, EW IV oder mit Wagen für internationale Umläufe zum Einsatz. Im innerschweizerischen Personenverkehr (Fernverkehr, IC, IR) sind viele Züge mittels eines Steuerwagens am anderen Ende des Zuges verpendelt, d.h. aufwendige Manöver

(Umfahren, Kuppeln und Entkuppeln) entfallen. Dennoch gibt es noch Umläufe, welche aus rein mit Lokomotiven bespannten Zügen bestehen. Im internationalen Verkehr sind auch immer mehr Triebzüge (Mehrsystem) im Einsatz, womit am Grenzbahnhof lediglich auf das entsprechende Stromsystem umgeschaltet werden muss. Im innerschweizerischen Güterverkehr sind mit Re 420 und Re 620 noch die ältesten Streckenlokomotiven im Einsatz. Für den internationalen Güterverkehr (auch Transit) stehen ebenfalls moderne Lokomotiven zur Verfügung, so dass am Grenzbahnhof lediglich das Personal gewechselt werden muss.

Auch Rangierlokomotiven – hier wurde der Fuhrpark in den letzten Jahren massiv modernisiert – sind ein unverzichtbarer Teil des Triebfahrzeugparks. Ob sie in großen Rangierbahnhöfen am Ablaufberg im Dienst stehen, ganze Güterzüge rangieren oder aber auch einzelne Personenwagen, Verstärkungsmodule oder ganze Kompositionen in den Bahnhöfen rangieren müssen, für jeden Zweck der passende Lokomotivtyp. Die neuesten Vorschriften verlangen im Dieselbetrieb einen Partikelfilter, wo möglich wird aber elektrisch rangiert. Ebenso können Rangierlokomotiven für das Befördern und Positionieren von Bauzügen hinzugezogen werden.

Triebzüge kommen im Fernverkehr ebenso zum Einsatz wie auch im Regionalverkehr. Im Fernverkehr decken sie den Bedarf auf den wichtigsten Linien oder teilen ihn mit den lokbespannten Zügen unter sich auf. Mehr oder weniger der gesamte Regionalverkehr wird mit Triebzügen abgewickelt, worauf an den Endbahnhöfen ein schneller Richtungswechsel möglich ist. Bei Bedarf kann ohne großen Zeitaufwand eine zweite oder gar dritte Komposition angehängt werden.
An einzelnen Triebwagen sind eigentlich nur noch die modernisierten NPZ (Domino) mit passendem Wagenmaterial (da sie nur über einen Führerstand verfügen) im Regionalverkehr im Einsatz. Für Charter und Extrafahrten unter der Flagge der SBB selber steht mit dem RAe 4/8 1021 ein historischer Doppeltriebwagen zur Verfügung.

Die typischen, rotbraunen Rangiertraktoren sind weitgehend aus dem Bild der SBB verschwunden. Durch das Entfallen vom Manöver auf kleineren und mittleren Stationen haben

sie ihr typisches Arbeitsfeld verloren. Zumal die Traktoren auch ein Alter erreicht haben, in dem ein wirtschaftlicher Einsatz immer unmöglicher wurde. Dennoch konnten viele dieser praktischen Fahrzeuge an Privatbahnen, Firmen, Museumsbahnen oder ins Ausland verkauft werden. Der heutige Fahrzeugpark der Traktoren besteht aus modernen, teils auch streckentauglichen Fahrzeugen, welche auch die neuesten Standards der Dieselemissionen erfüllen. Da sie den neuesten Sicherheitsvorschriften entsprechen, bieten sie auch mehr Sicherheit und Komfort für das Personal. Für leichtere Bauzüge, Arbeiten an der Infrastruktur, Rangierdienst auf Stationen oder Abstellanlagen sind sie weiterhin unentbehrlich.

Die Dienstfahrzeuge sind oft der am wenigsten beachtete Teil der Triebfahrzeuge. Dennoch erfüllen sie auch wichtige Aufgaben wie Intervenieren im Störungsfall, Unterhalt und Prüfung der Strecken, Schneeräumung, Verschub in Werkstätten etc. Auch dieser Part der Triebfahrzeuge bietet eine interessante Abwechslung und wurde in den letzten Jahren modernisiert. Dennoch steht mit einem kleinen Plattform-Verschubfahrzeug im Industriewerk Bellinzona das älteste Triebfahrzeuge der SBB seit genau hundert Jahren nach wie vor regelmäßig im Einsatz! Gerade bei den werksinternen Verschubfahrzeugen ist mit den Rangiergeräten und -robotern eine neue Generation von Fahrzeugen eingetroffen, welche von der Bedienung her und den neuesten Sicherheitsvorschriften entsprechend eine massive Verbesserung der Arbeitsqualität des Personals bedeutet.

Auch in den nächsten Jahren werden ältere Fahrzeuge durch neue ersetzt werden. Dennoch ist es dem Willen und Einsatz des Personals zu verdanken, dass immer wieder Fahrzeuge in die Sammlung der Stiftung SBB Historic aufgenommen werden. Auch vom jetzigen Fahrzeugpark dürften noch diverse Fahrzeuge nach deren Ausrangierung bei Firmen, Museumsbahnen oder auch im Ausland ein neues Arbeitsfeld finden. Einerseits befinden sich die Fahrzeuge nach wie vor in gutem Zustand, andererseits ist der Bedarf an Gebrauchtfahrzeugen immer vorhanden, um nicht viel in teurere Neubaufahrzeuge investieren zu müssen.

Derzeit stehen bei der SBB knapp 60 verschiedene Triebfahrzeugtypen (inkl. verschiedener Baureihen von Rangiergeräten) im Einsatz. Die Zahl dürfte aber in den nächsten Jahren abnehmen, da einerseits ältere Fahrzeuge zur Außerdienststellung vorgesehen sind, andererseits werden heute vielfach Fahrzeuge ab Stange gekauft, was im Unterhalt und Austausch von Ersatzteilen einfacher ist und Kosten spart. Dennoch gehört der abwechslungsreiche und moderne Triebfahrzeugpark der SBB zu den interessantesten seiner Art. Dank der Stiftung SBB Historic muss nicht komplett auf die historischen Fahrzeuge verzichtet werden, welche an zahlreichen Anlässen oder Sonderfahrten hautnah miterlebt werden können.

Re 420

Zu Beginn der sechziger Jahre waren noch zahlreiche »Stangenlokomotiven« aus der Zeit der Elektrifikation im Einsatz, welche in Sachen Leistung und Geschwindigkeit je länger je mehr an ihre Grenzen stießen. Obwohl mit den Re 4/4', Ae 6/6 und RBe 4/4 moderne Fahrzeuge für den Personen- und Güterverkehr vorhanden waren, wollte die SBB neues Rollmaterial anschaffen. Man entschied sich für eine universell einsetzbare, elektrische Lokomotive mit hoher Leistung. 1964 kamen sechs Prototypen, die Re 4/4" 11201 – 11206 in Betrieb, welche aber bereits 1965 – 1967 in 11101 – 11106 umnummeriert wurden. Ab 1967 bis 1985 kamen weitere 270 Maschinen hinzu. Die Re 4/4" sind mit 276 gebauten Maschinen bis heute die größte Triebfahrzeugserie der SBB. Innerhalb der Lokomotiven gab es allerdings einige Unterschiede. So wurden zum Beispiel die 11101 – 11155 mit nur einem Pantographen abgeliefert. Die 11156 – 11161 und die 11249 – 11253 wurden im TEE-Anstrich abgeliefert, alle anderen Maschinen bis und mit 11349 sowie die 11371 – 11376 kamen im typischen SBB-Grün in Betrieb. Die danach gelieferten 11377 – 11397 kamen bereits in rotem Farbkleid in den Einsatz. Mit der Ablieferung dieser robusten Lokomotivserie konnte in den sechziger und siebziger Jahren auf diverse ältere Loks verzichtet werden. Drei Lokomotiven waren leider kein langes Leben gegönnt, sie mussten aufgrund schwerer Unfälle ausrangiert werden, so waren die 11172 nur etwas mehr als acht Jahre, die 11282 keine drei Jahre und die 11312 etwas mehr als vier Jahre in Betrieb. Andere Lokomotiven waren auch in Kollisionen verwickelt, wurden aber wieder aufgebaut. Alle Re 4/4" wurden noch mit runden Stirnlampen ausgeliefert. Die zeitlos eleganten Lokomotiven wurden schweizweit im Personenverkehr eingesetzt, waren aber auch immer wieder vor Güterzügen zu beobachten. Neben den TEE-Loks fielen natürlich auch die sogenannten »Swiss-Express«-Lokomotiven auf. Insgesamt gab es acht Lokomotiven mit dem markanten rot-weiß-roten Anstrich: 11103, 11106, 11108, 11109, 11112, 11113, 11133 und 11141. Durch die Wahl damals für eine vierachsige Lokomotive konnte das geforderte Maximalgewicht von 80 Tonnen perfekt eingehalten werden. Die Lokomotiven tragen in der Frontmitte ein Schweizer Wappen. Dank der eingebauten Vielfachsteuerung sind die Lokomotiven auch in der Lage, schwere Personen- und Güterzüge auf den Bergstrecken zu befördern. Vor allem nach der Übergabe der Re 620-Lokomotiven an die Division Cargo wurden oft Personenzüge (IR) mit jeweils zwei Re 420 über die Gotthard-Bergstrecke befördert.

Die TEE-Lokomotiven 11158 – 11161 erhielten 1981 und 1982 ein grünes Farbkleid, die 11249 – 11253 wurden dann 1993 und 1994 rot gestrichen. Von den »Swiss-Express«-Lokomotiven haben die 11108 und 11109 bis heute ihren beliebten Anstrich behalten. Die Re-420-Lokomotiven prägten jahrzehntelang das Bild der SBB und galten als »unverwüstlich« und sehr zuverlässig. 2002 und 2005 schieden zwei Loks, 11323 und 11382 infolge Brände aus. 2003 verunfallte die 11113 und schied ebenfalls aus dem Dienst. Mit der Inbetriebnahme neuer Lokomotiven wurde ein Teil der Re 4/4"-Lokomotiven entbehrlich. Als erstes wollten sich die SBB von den Prototypen trennen und fanden in der BLS einen Käufer. Insgesamt übernahm die BLS 2004/2005 zwölf Maschinen (11102 – 11107, 11110, 11117, 11119, 11123, 11137 und 11142 für Pendelzüge im Simmental, aber auch auf anderen BLS-Strecken wie Spiez – Interlaken Ost oder Bern – Neuchatel. 2002 bis 2004 wurden die 11371 – 11397 in 421 371 – 397 umbezeichnet und erhielten den gefälligen, rotblauen Cargo-Anstrich. Die bei einem Brand zerstörte 11382 wurde allerdings schon 2002 ausrangiert. Dank einer abweichenden Netz-Umschalteinrichtung bekamen diese Lokomotiven eine Zulassung für Deutschland und konnten damit im grenzüberschreitenden Verkehr eingesetzt werden. Die restlichen Lokomotiven erhielten dann die Bezeichnung Re 420. Die 420 276 trug eine Zeitlang ein grün-weißes Farbkleid (Cargo), es blieb bei diesem einzigen Versuch. Diverse Loks bekamen noch den rotblauen Cargo-Anstrich. Andere Lokomotiven waren (oder sind immer noch) als fahrende Werbeträger für Kuoni, 75 Jahre SEV, Halbtax-Abo, Zugkraft Aargau u.a. Einen zweiten Frühling erleben dürfen die 11201 – 11230. Sie erhielten im IW Bellinzona ein Refit und einen neuen Anstrich. Alle 30 Lokomotiven durchliefen ein Modernisierungsprogramm und bekamen u.a. einen gefälligen Anstrich, LED-Scheinwerfer, rechteckige Puffer und neue Stromabnehmer. Sie verkehren mit sechs oder zehn Zwischenwagen, welche in den Re 450-Pendel durch neue Niederflurwagen ersetzt wurden, zur Hauptverkehrszeit als Pendelzüge, mit je einer Lok an der Spitze und am Schluss des Zuges. Doch wie bei allen Fahrzeugtypen begann auch langsam, aber sicher der Stern der Re 420 zu sinken. Immer mehr Lokomotiven wurden entbehrlich oder einige Maschinen schieden durch Unfälle oder aber auch abgelaufene Revisionsfristen aus. Im Personenverkehr (Fernverkehr) erbringen sie nicht mehr viele Leistungen, im innerschweizerischen Güterverkehr dagegen stehen sie nach wie vor in größerer Zahl noch im Einsatz.

Ebenfalls konnten einige Lokomotiven verkauft werden. In den letzten Jahren waren diverse Re 420 noch in farbenfrohem Design (Zürich – München, Schweiz erleben, Swiss-Pass oder auch Europreisen) unterwegs, es waren aber keine der Division Personenverkehr 11108...11155 zugeteilte Lokomotiven dabei. Die BLS verkaufte zwei ihrer Re-420-Lokomotiven in die Westschweiz weiter: die Re 420 503 an Travys (Weiterverkauf an Sersa Rhomberg) und die 420 506 an die MBC, welche nach wie für das Unternehmen MBC (Güterverkehr) in den entsprechenden Hausfarben verkehrt. Weitere Lokomotiven fanden bei Eisenbahndienstleistern wie Widmer Rail Service oder Swiss Rail Traffic neue Einsatzgebiete. Zwölf Lokomotiven bekamen ab 2018 noch eine automatische Kupplung, weshalb die Fahrzeugnummer etwas weiter oben angeschrieben wurde. Einige Besonderheiten anderer Lokomotiven sollen hier noch erwähnt werden:

Erbauer:	**SLM, BBC, MFO, SAAS**
Baujahr:	**1964 - 1985**
Betriebsnummern:	**11101 - 11349, 11371 - 11397 / 420 001...349, 421 371 - 397**
Vmax:	**140 km/h**
Gewicht:	**80 - 85 t**
Leistung:	**4'700 kW**
Anstrich:	**grün, rot, Cargo-Anstrich, Swiss-Express, TEE, diverse Werbeanstriche**
Länge über Puffer:	**14'800 - 15'520 mm**
Ausrangierungen:	**diverse**
Verkauf:	**diverse**

- ***11101 und 11120 dienten bis zu ihrer Ausrangierung noch als »Waschlok« in Basel***
- ***11108 ging in den Besitz der SBB Historic über***
- ***420 127 dient in Bellinzona nach dem Ausscheiden einer Ee 3/3-Lokomotive als Rangierlok***
- ***420 141 wurde als Heizlok aus dem Plandienst genommen, später aber wieder in Betrieb genommen***
- ***420 172 ist die ehemalige MThB Re 4/4" 21, welche die gleiche Nummer der Unfalllokomotive erhielt***
- ***420 239 trägt das Wappen von Porrentruy, welches zuvor auf der Ae 6/6 11483 montiert war***
- ***420 278 trägt das Wappen von Cham, welches zuvor auf der Re 6/6 11673 (Unfall) montiert war***
- ***420 320 trägt einen orangefarbenen Anstrich mit der Werbung für »Interregio Cargo«***
- ***420 335 bekam einen dunkelgrünen »Retro-Anstrich« (Jubiläum SBB Cargo)***
- ***421 387 trägt den blau-cremefarbenen »Rheingold-Anstrich« (IRSI)***
- ***421 393 trägt den TEE-Anstrich (IRSI)***

Dennoch stehen heute noch zahlreiche Lokomotiven im Einsatz. Die SBB haben einige Lokomotiven im Internet zum Kauf ausgeschrieben. Es ist also sehr gut möglich, dass noch weitere Lokomotiven Abnehmer finden, zumal auch dank der großen Anzahl noch existierender Lokomotiven eine Beschaffung von Ersatzteilen einfach wäre.

Re 430

Mit den ursprünglichen Betriebsnummern 11351 – 11370 kamen 1971 insgesamt 20 Streckenlokomotiven in Betrieb. Sie wurden durch die SLM, BBC, MFO und die SAAS erbaut. Die Lokomotiven sind äußerlich kaum von den Re 420 (Re 4/4“) zu unterscheiden, der Hauptunterschied zu ihren Schwestern besteht aus eine geänderte Getriebeübersetzung, welche sich vor allem für steilere Strecken eignet, weshalb die Lokomotiven hauptsächlich im Güterverkehr auf der Gotthardstrecke zum Einsatz kamen. Die Zuglast der Lokomotiven wurde zugunsten einer geringeren Streckengeschwindigkeit (125 km/h) erhöht. 1983 wurden die Re 4/4‴ 11351 – 11353 an die Südostbahn verkauft und kamen dort als Re 4/4‴ 42 – 44 in Betrieb. Die SOB besaß mit der bereits 1967 gelieferten Lokomotive Re 4/4‴ 41 bereits ein solches Fahrzeug. Lediglich die Lok 41 war auf der SOB noch in grünem Farbkleid unterwegs. Zwischen 1994 und 1996 gingen alle vier SOB-Lokomotiven im Tausch gegen die Re 4/4 IV 10101 – 10104 an die SBB. Während die 42 – 44 wieder ihre alten Nummern 11351 – 11353 erhielten, bekam Lok 41 die bis anhin nie belegte Nummer 11350. Die der Division Cargo zugeteilten Lokomotiven kamen nach wie vor hauptsächlich im Güterverkehr zum Einsatz. Während die 11364 als letzte Lokomotive im grünen Anstrich verblieb, bekam die 11356 als einzige Lok der Serie im 2010 den gefälligen »Cargo-Anstrich«. Mit der Einführung des neuen Nummernschemas wurden die Lokomotiven als Re 430 350 – 370 bezeichnet. Bei den 11350 – 11353 war auch Jahre nach dem Tausch immer noch der ausgeblichene Schriftzug »Südostbahn« sichtbar. Doch mit der Inbetriebnahme neuer Lokomotiven sank der Stern der Re 430 immer mehr und ab 2013 wurden die ersten Maschinen abgestellt. Die derzeit noch vorhandenen 430 356, 358, 359 und 370 wurden vor kurzem abgestellt, Lok 430 357 diente noch eine Zeitlang in Chiasso als Luftspender, verschwand dann aber Mitte 2021 ebenfalls. Zu Zeiten der SOB trugen die Re 4/4‴ 42 – 44 Wappen: 42 »Pfäffikon SZ«, 43 »Arth-Goldau« und 44 »Rothenthurm«. Als Besonderheit sei noch erwähnt, dass die 430 350 lediglich mit einem Einholmpantographen ausgerüstet ist, während alle anderen 20 Maschinen zwei Einholmpantographen besassen. Die Re 430 350 konnte vom Verein DSF käuflich übernommen werden und wird derzeit auf der Oensingen-Balsthal-Bahn (OeBB) im Güterverkehr eingesetzt. Beim der ehemaligen RM (Regionalverkehr Mittelland, heute BLS) standen fünf sehr ähnliche Lokomotiven im Einsatz: die Re 4/4‴ 111 – 113, 141

(später 114) und 181 (später 115). Nach einem Unfall musste Lok 113 entsorgt werden, die restlichen vier Maschinen sind in blauem Anstrich für das Unternehmen WRS (Widmer Rail Service) im Einsatz, nachdem sie von 2005 bis 2017 ein Gastspiel für die »Crossrail« gaben und in verschiedenen Anstrichvarianten unterwegs waren. Lok 114 trägt heute ein Farbkleid in hellerem grün und wirbt für Synopsis.

Erbauer:	**SLM, BBC, MFO, SAAS**
Baujahr:	**1966 - 1971**
Betriebsnummern:	**11350 - 11370 / Re 430 350 - 370**
Vmax:	**125 km/h**
Gewicht:	**80 t**
Leistung:	**4'700 kW**
Anstrich:	**grün, rot, Cargo**
Länge über Puffer:	**15'410 mm**
Ausrangierungen:	**351 - 355, 357, 360 - 369**
Verkauf:	**350**

Re 450

Mit der Einführung der S-Bahn Zürich musste neues Rollmaterial angeschafft werden. Die SBB entschieden sich für die Bestellung von vierteiligen Kompositionen, bestehend aus einer Lokomotive, zwei Zwischen- und einem Steuerwagen. Die SLM und die ABB bauten zwischen 1989 und 1997 insgesamt 115 Umrichterlokomotiven, welche noch als Re 4/4 V 10500 – 10523 bestellt, aber bereits als Re 450 000 – 023 ausgeliefert wurden. Danach kamen noch die Re 450 024 – 114 hinzu. Es ist die einzige Streckenlokomotive der R-Baureihe der SBB, welche nur über einen Führerstand verfügt. Bei der Ablieferung trugen alle Lokomotiven eine gelb gestrichene Türe für das Gepäckabteil. Sämtliche Lokomotiven erhielten anhand von Taufen Namen und Wappen bestimmter Gemeinden. Die Fahrzeugkästen der Re 450 050 – 094 wurden damals von Schindler Waggon in Pratteln ausgeliefert, da aufgrund der Lieferung der Re 460-Lokomotiven die Kapazitäten bei der SLM am Limit waren. Die Lokomotiven bereiteten bei der Inbetriebnahme, wie andere Triebfahrzeuge auch, zu Beginn noch grössere Probleme, welche dann aber im Laufe der Zeit behoben werden konnten. Die S 14 und die S 7 des ZVV waren die ersten beiden Linien, auf welchen die neuen Kompositionen eingesetzt wurden, heute verteilen sie sich auf das

gesamte ZVV-Netz, kommen aber auch weit über die Kantonsgrenzen hinweg zum Einsatz oder wurden gar schon für Extrazüge oder als Ersatzkompositionen in anderen Teilen der Schweiz eingesetzt. Auf dem Netz der Zürcher S-Bahn kommen bis zu drei Einheiten in Vielfachsteuerung zum Einsatz. Ab 2011 durchliefen alle Lokomotiven ein Modernisierungsprogramm, bei welchen u.a. die Fahrzeuge eine Rostsanierung und neue Fahrmotoren erhielten. Des Weiteren bekamen sie neue LED-Frontlichter, einen neuen Anstrich und über der Kupplung wurde das SBB-Logo angebracht. Ebenfalls wurden, teilweise schon vorher, die Gepäckabteiltüren

blau gestrichen. Die Nummern und Wappen blieben dieselben. Im Jahr 2017 endete das Modernisierungsprogramm und seither sind die 113 noch vorhandenen Lokomotiven im aktuellen Design im Einsatz. Die beiden Lokomotiven Re 450 067 und 070 konnten 2008 von der SZU übernommen werden und stehen seither in rotem Anstrich mit passendem Wagenmaterial zwischen Zürich HB und Langnau – Gattikon respektive Sihlwald im Einsatz. Um einen Niederflureinstieg bieten zu können, wurde bei sämtlichen Kompositionen der ersten Wagen hinter der Lok ausgereiht und durch einen modernen Niederflurwagen ersetzt. Die freiwerdenden Wagen stehen heute zur Hauptverkehrszeit als Pendelzüge zwischen zwei modernisierten Re 420-Lokomotiven (LION) im Einsatz. Einige der Kompositionen waren oder sind immer noch als Werbefahrzeuge (ZVV, Blick, Fahrplanwechsel, ZKB etc…) unterwegs. Die Zwischen- und Steuerwagen wurden im selben Zeitraum durch die Schindler Waggonfabrik, die SIG sowie die ABB respektive Adtranz erbaut. Bombardier erbaute die seit 2011 in Betrieb stehenden Niederflurdoppelstockwagen (113 SBB, 8 SZU).

Erbauer:	**SLM, ABB**
Baujahr:	**1989 - 1997**
Betriebsnummern:	**450 000 - 114**
Vmax:	**130 km/h**
Gewicht:	**74 t**
Leistung:	**3'200 kW**
Anstrich:	**blau mit roter Front**
Länge über Puffer:	**18'400 mm**
Verkauf:	**Re 450 067 und 070**

Re 460

SLM und ABB begannen ab 1992 mit der Auslieferung einer modernen, vierachsigen Elektrolokomotive. Bis 1996 kamen 119 Re 460 in Betrieb, damit konnte auf die Ae 3/6'- und Ae 4/7-Lokomotiven nach teilweise über 70 Jahren Dienstzeit (!) verzichtet werden. Die für die zwölf ersten Lokomotiven geplante Bezeichnung Re 4/4 VI 10700 – 10711 (die Nummern waren noch durch Ae 3/6'-Lokomotiven belegt) wurde nicht mehr angebracht, so kamen sie alle als Re 460 in Betrieb. Damals waren die Loks 000 – 078 dem Personenverkehr zugeteilt, die Loks 079 – 118 dem Güterverkehr (Cargo). Stationiert waren sie in den Depots Lausanne, Bellinzona und Zürich. Aus finanztechnischen Gründen bestellte die BLS nur acht eigene Loks (Re 465 001 – 008), die restlichen zehn Maschinen bestellte die SBB und vermietete sie an die BLS, welche die Loks (Re 465 009 – 018) dann im Jahr 2003 endgültig übernahm. Die SBB Re 460 ist auf allen vier Achsen angetrieben, die elektrische Ausrüstung der Lokomotiven wurde von der ABB Schweiz (heute Adtranz), in Umrichtertechnik mit Drehstrom-Fahrmotoren und modernsten, abschaltbaren Leistungsthyristoren (GTO) realisiert. Im Personenverkehr kamen die Re 460 auf beinahe allen wichtigen Linien für IC- aber auch für EC-Züge

zum Einsatz. Zwischen 2003 und 2005 gingen die Lokomotiven der Division Cargo an den »Personenverkehr« über. Seither kommen die Re 460, meistens mit Pendelkompositionen im innerschweizerischen Fernverkehr zum Einsatz. Bis 2022 möchte die SBB sämtliche 119 Lokomotiven einem Modernisierungsprogramm unterzogen haben. Dabei wird die Fahrzeugnummer nicht mehr auf der Front angebracht. Die Re 460 gehörten zu den ersten Lokomotiven der SBB, welche als fahrende Werbeträger unterwegs sind. Mehrere Dutzende »Werbelokomotiven« fuhren, je nach Ansicht in gefälligem oder weniger gefälligem Design«, teils längere Zeit durch die Schweiz. Ebenfalls besitzen die meisten Re 460 unter dem Führerstandfenster einen angebrachten Namen. Es gab z.B. Werbelokomotiven für Pepsi, Holcim, SBB Historic, Coop, Ajax u.v.m. Keine Lokomotivserie der SBB trug schon so viele Werbeanstriche wie die Re 460. Ähnliche Lokomotiven finden sich bei der BLS (Re 465 001 – 018), in Norwegen (22 Loks), Finnland (46 Loks) und in Hongkong (2 Loks). Mit 230 km/h Höchstgeschwindigkeit ist die Re 460 bis heute die schnellste Streckenlokomotive der Schweiz, mit einer Leistung von 6'100 kW bei nur vier Fahrmotoren gehört sie auch zu den leistungsfähigsten Fahrzeugen.

Erbauer:	**SLM, ABB**
Baujahr:	**1992 - 1996**
Betriebsnummern:	**460 000 - 118**
Vmax:	**230 km/h**
Gewicht:	**84 t**
Leistung:	**6'100 kW**
Anstrich:	**rot**
Länge über Puffer:	**18'500 mm**

Re 474

Die SBB Cargo wollte bei Siemens 12 elektrische Lokomotiven für den Güterverkehr mit Norditalien beschaffen. Doch da aber im selben Jahr bereits eine Bestellung über 18 Zweistromlokomotiven an Bombardier getätigt wurde, kam es bei der Abnahme und Inbetriebsetzung der zwölf Lokomotiven zu grösseren Verspätungen, so dass eine Option für sechs weitere Lokomotiven nicht mehr eingelöst wurde. Da aber einige dieser Lokomotiven bereits in der Schweiz waren aber noch nicht abgenommen worden sind, gingen sechs Lokomotiven an Siemens zurück. Von den ursprünglich geplanten 18 Lokomotiven Re 474 001 – 018 nahm dann die SBB schlussendlich die Lokomotiven 002 – 005, 009 und 012 – 018 in Betrieb. Die Lokomotiven werden im grenzüberschreitenden Güterverkehr mit Italien ab Domodossola, Luino, Bellinzona oder meist ab Chiasso eingesetzt. Im innerschweizerischen Güterverkehr sind die Lokomotiven eher selten anzutreffen. Die restlichen sechs Lokomotiven wurden nach Italien oder Schweden weiterverkauft. Die Re 474 sind dem Werkstyp ES 64 F4 zuzuordnen. Die Re 474 können unter vier Stromsystemen (15 kV/16,67 Hz, 25kV/50 Hz, 1'500 V= sowie 3'000 V=) verkehren, weshalb sie auch mit vier Stromabnehmern ausgerüstet sind. Immer wieder wurden in letzter Zeit auch einige dieser Lokomotiven in der Region Basel gesichtet. Im Gegenteil zu den Re 482 und Re 484 unterscheiden sie sich im Äußeren hauptsächlich durch den »gerippten« Fahrzeugkasten. Einige der Lokomotiven waren auch längerfristig an andere EVU vermietet. Die mit ETCS ausgerüsteten Maschinen besitzen eine Zulassung für die Schweiz und für Italien.

Erbauer:	**Siemens**
Baujahr:	**2004 - 2005**
Betriebsnummern:	**474 002 - 005, 009, 012 - 018**
Vmax:	**140 km/h**
Gewicht:	**87 t**
Leistung:	**6'400 kW**
Anstrich:	**rotblau (Cargo-Anstrich)**
Länge über Puffer:	**19'580 mm**
Rückgabe:	**001, 006 - 008, 010 - 011**

Re 482

Als Ersatz für die an die BLS abgegebenen Re-465-Lokomotiven bestellte die SBB Cargo bei Bombardier zehn elektrische, vierachsige Zweisystemlokomotiven des Typs Re 482. Gleichzeitig wurde eine Option für 40 weitere Lokomotiven vereinbart. In zwei Tranchen konnten somit 50 moderne und leistungsfähige Güterzuglokomotiven für den grenzüberschreitenden Verkehr in Betrieb genommen werden: 482 000 – 034 folgten 2002 und 2003, die 035 – 049 kamen zwischen 2004 und 2006 in Betrieb. Zu Beginn waren die Lokomotiven hauptsächlich auf der Achse Erstfeld – Köln im Einsatz, kommen heute aber weiterhin nicht nur im grenzüberschreitenden, sondern auch im innerschweizerischen Güterverkehr zum Einsatz. Die Maschinen der zweiten Serie (035 – 049) besitzen auch eine Zulassung für Österreich und einen »crashoptimierten« Lokkasten. Von Beginn weg wurden und sind auch heute noch einige Loks fremd vermietet und auch mit abweichenden Anstrichen respektive Anschriften unterwegs. Die Re 482 035, 037, 043, 047 und 049 besitzen gar eine Zulassung für die Brenner-Linie. Auf einige der mit Vielfachsteuerung ausgerüsteten Lokomotiven der Serie konnte in den letzten Jahren verzichtet werden und sie wurden an einen Eisenbahndienstleister (046 und 047) weiterverkauft, welcher sie hauptsächlich im Güterverkehr, aber auch für Überführungen nutzen. Nach Deutschland gingen die Re 482 035, 048 und 049, nach Schweden verschlug es die Lokomotiven 036, 040, 042 – 045. Während die ersten 35 Lokomotiven der Werkstype F 140 AC1 zuzuordnen sind, gehören die 15 weiteren Fahrzeuge zur Gruppe F 140 AC 2. Heute wird diese im europäischen Schienenverkehr sehr weitverbreitete Lokfamilie als »Traxx« bezeichnet.

Erbauer:	**Bombardier**
Baujahr:	**2002 - 2006**
Betriebsnummern:	**482 000 - 049**
Vmax:	**140 km/h**
Gewicht:	**84 t**
Leistung:	**5'600 kW**
Anstrich:	**rotblau (Cargo-Anstrich)**
Länge über Puffer:	**18'900 mm**
Verkauf:	**035, 036, 040, 042 - 049**

Re 484

Bombardier lieferte der SBB (Division Cargo) 2004 18 elektrische, vierachsige Lokomotiven aus. Die Zweisystemlokomotiven mit Drehstrom-Ansynchronmotoren stammen aus der »Traxx-Familie«. 2006 kamen nochmals drei Lokomotiven hinzu. Die als Re 484 001 – 021 bezeichneten Vierstromlokomotiven (15kV / 16,67 Hz, 25 kV / 50 Hz, 1'500 V = und 3'000 V =) kamen zu Beginn weg hauptsächlich ab Bellinzona bis nach Italien zum Einsatz, wurden aber auch immer wieder mal nördlich des Gotthards gesichtet. Von 2005 bis 2007 waren fünf Lokomotiven (484 013 – 018) an Cisalpino vermietet, um die störungsanfälligen ETR 470 zu ersetzen, welche wegen Verspätungen und Ausfällen immer wieder für grossen Unmut sorgten. Die mit Klebefolien ausgestatteten Lokomotiven führten mit italienischen Personenwagen die internationalen Züge auf den beiden Achsen Milano – Basel SBB und Milano – Bern. Seither sind die Lokomotiven wieder hauptsächlich im Güterverkehr, oft auch in Doppeltraktion, anzutreffen. Mit der Inbetriebnahme der (gemieteten) Vectron Lokomotiven BR 193 sollen im Laufe des 2021 alle Re 484 nur noch für SBB Cargo (nicht mehr für SBB Cargo International) zum Einsatz kommen und auch die ausscheidenden Re 420 ersetzen. Unterdessen haben einige der Lokomotiven ihren »Cargo«-Schriftzug auf den Seiten verloren und sind ausser dem Führerstand und dem Rahmen in einheitlichem blau gemalt, die Re 484 014 wirbt noch für »ChemOil«. Die Re 484 021 hatte im Jahr 2007 noch die Ehre, als leicht geschmückte Lok am 125 Jahr-Jubiläum der Gotthardbahn teilnehmen zu dürfen und war in Biasca ausgestellt. Den Re 484 011 und 020 wurde unterdessen eine neue, gefällige »Klimawerbung« verpasst.

Erbauer:	**Bombardier**
Baujahr:	**2004 - 2007**
Betriebsnummern:	**484 001 - 021**
Vmax:	**140 km/h**
Gewicht:	**85,4 t**
Leistung:	**5'600 kW**
Anstrich:	**Cargo-Anstrich, rotblau**
Länge über Puffer:	**18'900 mm**

Re 620

Da die typischen »Gotthardlokomotiven« Ae 6/6 in Sachen Geschwindigkeit und Leistung wegen dem stetig steigenden Verkehr auf der Gotthardstrecke immer mehr an ihre Grenzen stießen, beschaffte die SBB bei der SLM, der MFO, der SAAS und der BBC neue, ebenfalls sechsachsige Lokomotiven. Das Design der neuen Lokomotiven wurde den bereits verkehrenden Universallokomotiven Re 4/4" und Re 4/4"' angepasst. 1972 kamen die ersten beiden Prototypen der Re 6/6-Lokomotiven in Betrieb. Sie wiesen einen geteilten Lokomotivkasten auf, welcher sicher aber nur in der Vertikalen bewegen ließ. Den 11601 und 16602 folgten dann ebenfalls im Jahr 1972 zwei weitere Prototypen (11603 – 11604), welche aber über einen steifen Fahrzeugkasten verfügten. Ab 1975 folgten dann die Serienmaschinen 11605 – 11689, damit war dann die stärkste SBB-Lokomotivserie, abgesehen von der ausrangierten Ae 8/14 11852, abgeliefert. Die sechs Fahrmotoren erbringen eine stolze Leistung von 7'900 kW. Markant an den Lokomotiven sind die vier seitlichen Fenster mit dem in der Mitte liegenden Wappen (bei den 11601 und 16602 waren die Wappen nicht in der Mitte angebracht). Auch wenn es sich bei der Re 6/6 um eine typische Gotthard-Lokomotive handelt, kamen sie im

Personen- und Güterverkehr auch auf der Simplon-Linie sowie auch auf anderen Strecken zum Einsatz. Bereits ab 1984 wurde damit begonnen, den ersten Lokomotiven einen verkehrsroten Anstrich zu verpassen. 1990 schied mit der 11638 die erste Lokomotive nach einem schweren Unfall aus. 1999 erhielten die 11655 und die 11665 einen grün-weißen Anstrich, welcher aber später durch den heute bekannten, rotblauen »Cargo-Anstrich« ersetzt wurde. Als letzte verlor die 11663 ihr grünes SBB-Farbkleid. 60 Lokomotiven wurden mit dem ETCS-Level 2 ausgerüstet, da seit 2007 Abschnitte der

Gotthardstrecke sowie der Lötschberg-Basistunnel damit ausgerüstet sind. 55 Lokomotiven erhielten anlässlich von R3 oder des Refit-Programms den rotblauen »Cargo-Anstrich«, die restlichen Maschinen sind rot geblieben. Ebenfalls besitzen heute alle noch existierenden Re 6/6-Lokomotiven rechteckige Scheinwerfer. Heute stehen die Maschinen schweizweit im Güterverkehr im Einsatz. Neben der 11638 waren auch noch andere Lokomotiven in Unfälle verwickelt. Bei den beiden ebenfalls verunfallten 11620 und 11673 waren die Schäden für eine Reparatur zu groß, sie wurden abgebrochen. Ebenso ging die 620 042 »altersbedingt« nach Entnahme allen Brauchbaren ins Alteisen. Bei der Einführung des UIC-Nummernschemas wurden die Lokomotiven von Re 6/6 11601 – 11689 zu Re 620 601 – 689, wobei einige Lokomotiven diese Umnummerierung nicht mehr erhalten haben. Die 11689 trug eine Zeitlang einen gefälligen Werbeanstrich des »Verbands der Schweizer Lokführer«. Einige Lokomotiven tragen auf je einer Fahrzeugseite verschiedene Wappen. Die 11613 darf sich die 5000ste gebaute SLM-Lokomotive nennen. Es gilt als wahrscheinlich, dass in den nächsten Jahren die noch in Rot verkehrenden Lokomotiven ohne Refit-Programm aus dem Dienst scheiden dürften.

Die 11601 und 11602 wurden an eine Privatperson verkauft, die 11603 und 11604 (als Ersatzteilspender) sind im Besitz von »Rail Adventure«. Die 11603 trägt ein gefälliges, graues Design.

Erbauer:	**SLM, BBC, MFO, SAAS**
Baujahr:	**1972 - 1980**
Betriebsnummern:	**11601 - 11689 / 620 001 - 089**
Vmax:	**140 km/h**
Gewicht:	**120 t**
Leistung:	**7'900 kW**
Anstrich:	**grün, rot, Cargo-Anstrich**
Länge über Puffer:	**19'310 mm**
Ausrangierungen:	**11638, 620 020, 042, 073**
Verkauf:	**11601 - 11604**

Am 841

Die 1996 und 1997 in Dienst gestellten Diesellokomotiven Am 841 000 – 039 wurden beim spanischen Hersteller GEC Alsthom bestellt, die Drehgestelle allerdings lieferte die SLM und die Dieselmotoren stammen von Caterpillar / MTU. Das Design der Lokomotiven entspricht ihrem spanischen Vorbild (Baureihe 311 der Renfe), als einzige nennenswerte Abweichung sei die seitlich abgewinkelte Dachform zu erwähnen. Der Führerstand befindet sich in Fahrzeugmitte und dank den eher kurzen Vorbauten und den großen Fenstern wird dem Personal eine optimale »Rundumsicht« geboten. Haupteinsatzgebiet der Am 841 sind Bauzüge, somit sind sie auf dem ganzen SBB-Netz verteilt anzutreffen. Im Baustellenbetrieb ist die Lok auch in der Lage, sehr langsam zu fahren. Sie kamen aber auch in kleineren Rangierbahnhöfen zum Einsatz. Die ganze Serie stand bis vor kurzem komplett im Einsatz, obwohl die Am 841 039 zwar ausrangiert, aber später wieder in Betrieb genommen wurde. Die vollumfänglich streckentauglichen Lokomotiven besitzen untereinander eine Vielfachsteuerung. Mit der Anschaffung von neuen Lokomotiven (hauptsächlich der Aem 940) kann doch mehr und mehr auf die Am 841 verzichtet werden. Das Unternehmen Müller Gleisbau hat bereits einige Lokomotiven übernommen, eine weitere Übernahme mehrerer Lokomotiven ist geplant. Eine Lokomotive (841 009) wurde unterdessen an Widmer Rail Services weiterverkauft. Die Lokomotivgattung ist auch bei der SBB selber zum Verkauf ausgeschrieben. Ebenso möchte der neue Besitzer einige der Lokomotiven zu Hybridlokomotiven umbauen. Es sei noch erwähnt, dass sich die 40 Lokomotiven im Jahr 2000 auf folgende Divisionen verteilten: Infrastruktur (24), Cargo (15) und Personenverkehr (1).

Erbauer:	**GEC Alsthom, Spanien**
Baujahr:	**1996 - 1997**
Betriebsnummern:	**841 000 - 039**
Vmax:	**80 km/h**
Gewicht:	**73 t**
Leistung:	**920 kW**
Anstrich:	**rot**
Länge über Puffer:	**14'160 mm**
Verkauf:	**000, 004, 008, 009, 013, 017, 025, 028, 031**

Am 842

1991 erhielt das auf Gleisbau und Schienenverschweißung spezialisierte Unternehmen Sersa AG in Rümlang drei durch MaK erbaute, vierachsige Diesellokomotiven, welche als »Bettina«, »Corinne« und Daniela« in den Einsatz kamen. Doch bereits 1992/93 wurden die Loks »Corinne« und »Daniela« an die SBB verkauft und bekamen die Bezeichnung Am 840 000 – 001. Die »Bettina« verblieb bis 2003 bei der Sersa, ehe sie wieder nach Deutschland zurückkehrte, wo sie sich auch heute noch befindet und 2007 abermals den Besitzer wechselte. Vom Design her zeichnet sich die Am 842 eher als unauffällige Zwecklokomotive aus. Das mit einer Klimaanlage ausgerüstete Führerhaus befindet sich im hinteren Teil der Lokomotive, an beiden Enden der Lokomotive befinden sich Rangierplattformen. Alle vier Achsen sind angetrieben. Bei der SBB erhielten beide rot gestrichenen Lokomotiven eine weiße Zierlinie. Nach einem schweren Unfall im Jahr 2005 der Am 842 001 wurde die schwer beschädigte Lokomotive wieder aufgebaut, verlor aber ihre weiße Zierlinie. Die Am 842 000 trägt nach wie vor ihre weiße Zierlinie. Die Lokomotiven gehören zur Typengattung G 1204 BB, welche zwischen 1981 und 1991 in 18 Exemplaren erbaut wurde. Die großen Führerstandfenster bieten dem Personal sehr gute Sichtverhältnisse. Beide Lokomotiven waren oft bei der SBB für Bauzüge im Einsatz und sind der Division Infrastruktur zugeteilt. Heute diesen sie dem Manöver im Bahntechnik Center Infrastruktur in Hägendorf. Dennoch dürften sie gelegentlich verkauft werden, da nach der Ablieferung der neuen Aem 940 genug Lokomotiven für solche Aufgaben zu Verfügung stehen und andererseits werden sie auch als Exoten im Fahrzeugpark der SBB bezeichnet, weil bei einer Kleinserie von lediglich zwei Fahrzeugen die Ersatzteilbeschaffung mitunter etwas schwieriger sein kann.

Erbauer:	**MaK**
Baujahr:	**1991**
Betriebsnummern:	**Am 842 000 - 001**
Vmax:	**80 km/h**
Gewicht:	**80 t**
Leistung:	**1'120 kW**
Anstrich:	**rot**
Länge über Puffer:	**12'500 mm**

Am 843

Ab 2003 beschaffte die SBB eine größere Stückzahl an zugkräftigen Diesellokomotiven für den Rangierdienst und für Güterzüge. Dabei erhielt jede Division der SBB einen Teil der Lokomotiven. Vossloh baute zwischen 2003 und 2009 insgesamt 76 vierachsige Diesellokomotiven. 45 Lokomotiven stehen für SBB Cargo im Einsatz (Am 843 050, 052 – 095), 28 (001 – 028) für die SBB Infrastruktur sowie drei Lokomotiven (041 – 043) für die Division Personenverkehr. Die zuerst an SBB Cargo gelieferte Am 843 051 steht heute als Am 843 015 bei der Infrastruktur im Einsatz. Mit diesen Lokomotiven konnte der Fahrzeugpark vereinheitlicht und andererseits ältere Fahrzeuge ersetzt werden. Die rotblau gestrichenen Lokomotiven von SBB Cargo kommen schweizweit im mittleren und schweren Rangierdienst sowie bei der Zustellung im Nahgüterverkehr zum Einsatz, können aber auch dank der hohen Streckengeschwindigkeit gut zwischen den Stationen eingesetzt werden. Im Rangierbetrieb dürfen die Lokomotiven mit maximal 40 km/h verkehren. Die Am 843 091 – 095 sind auch für den Betrieb in Deutschland eingerichtet und

standen dort auch eine Zeitlang im Einsatz, die Am 843 074 trägt den Namen »Uristei«. Die rot gestrichenen Lokomotiven der Division Infrastruktur kommen hauptsächlich für schwere Bauzüge oder für den Rangierdienst in Rangierbahnhöfen (Ablaufberg) zum Einsatz. Andererseits dienten sie zuvor auch für das Führen der älteren Lösch- und Rettungszüge. Bei der Inbetriebsetzung trugen alle Lokomotiven einen großen Schriftzug »Infra«, welcher aber später entfernt wurde, an dieser Stelle ist jetzt das SBB-

Logo zu sehen. Die drei Am 843 der Division Personenverkehr kommen hauptsächlich in Basel und Chiasso zum Einsatz, damit kann ungehindert auch auf den Gleisen rangiert werden, bei welchen die Fahrleitung unter einer anderen Spannung steht. Diese drei Lokomotiven sind komplett rot gestrichen und wie jene der Infra mit großem SBB-Logo versehen. Alle dieselhydraulischen Lokomotiven sind mit Integra-Signum und ZUB 262ct ausgerüstet. An beiden Fahrzeugenden befinden sich die Rangierplattformen. Die modernen und geräumigen Führerstände befinden sich im hinteren Drittel des Fahrzeugs und besitzen pro Seite je eine Eingangstüre. Die formschönen Lokomotiven besitzen eine ruhige Laufeigenschaft. Die Lampen sind oft mit einer Art Folie abgedeckt, damit das Personal wegen den hellen Frontlichtern weniger geblendet wird. Der Treibstoffvorrat beträgt 3'500 Liter. Bis heute blieb es bei Ideen, die Fahrzeugserie zusätzlich mit einem elektrischen Antrieb auszurüsten. Bei der BLS (Am 843 501 – 504) und bei der Sersa stehen diverse, sehr ähnliche Lokomotiven im Einsatz.

Erbauer:	**Vossloh (Kiel)**
Baujahr:	**2003 - 2009**
Betriebsnummern:	**001 - 028 (I), 041 - 043 (P), 050, 052 - 095 (Cargo)**
Vmax:	**100 km/h**
Gewicht:	**80 t**
Leistung:	**1'500 kW**
Anstrich:	**rot, Cargo-Anstrich**
Länge über Puffer:	**15'200 mm**

Aem 940

Als Ersatz für die Am 841 (Bauzüge) sowie die Am 6/6 und Ee 6/6″ (Rangierdienst in den Rangierbahnhöfen) beschaffte die SBB bei Alstom 47 zugkräftige Zweikraftlokomotiven. Die als Aem 940 001 – 047 bezeichneten Lokomotiven kommen seit 2019 schrittweise in Betrieb und sollen bis 2022 komplett abgeliefert sein. Sie sind der Typengattung Alstom Prima H 4 zuzuordnen. Mit diesen modernen und dem höchsten Sicherheitsstandard entsprechenden Lokomotiven kann unter Fahrdraht oder im Dieselbetrieb gearbeitet werden, was den Kohlendioxid-Ausstoß enorm reduziert. Da die Lokomotiven keine gasförmigen Emissionen ausstoßen, können sie auch problemlos in Tunnels eingesetzt werden. Die Lokomotiven kommen, wie ihre Vorgänger, in den großen Rangierbahnhöfen am Ablaufberg (bis max. 2'500 Tonnen) oder für schwere Bauzüge zum Einsatz. Dank ihrer Höchstgeschwindigkeit von 120 km/h können die Lokomotiven problemlos zwischen den Baustellen verschoben werden, ohne dabei den dichten Fahrplan zu behindern. Da sie mit ETCS Level 2 ausgerüstet sind, ist ein schweizweiter Einsatz problemlos möglich. Die mit einer Vielfachsteuerung ausgerüsteten Lokomotiven verteilen sich auf die Divisionen Cargo und Infrastruktur. Der Tankinhalt hat ein Fassungsvermögen von 3'000 Litern. Mit der Inbetriebnahme dieses Lokomotivtyps konnte die Flotte vereinheitlich werden, da die Ersatzteilbeschaffung für die diversen, älteren Lokomotiven immer aufwendiger und kostspieliger wurde. Erst im Nachhinein wurde bei den Lokomotiven die Betriebsnummer noch auf den Fahrzeugfronten resp. -enden angebracht. In Rangierbahnhof Limmattal (RBL) gibt es eine Art Unterhaltszentrum für diesen Lokomotivtyp, so dass jede in die Schweiz gelieferte Lok zuerst dort eintrifft.

Erbauer:	**Alstom**
Baujahr:	**2019 - 2022**
Betriebsnummern:	**001 - 047**
Vmax:	**120 km/h**
Gewicht:	**90 t**
Leistung:	**2'000 kW (elektrisch) / 900 kW (Dieselbetrieb)**
Anstrich:	**rot**
Länge über Puffer:	**18'750 mm**

Bm 4/4

Um Dampflokomotiven, welche immer noch im Rangierdienst aktiv waren, ablösen zu können, beschaffte die SBB bei der SLM und der SAAS eine vierachsige Universaldiesellokomotive. Die robust gebauten Lokomotiven bekamen die Bezeichnung Bm 4/4 18401 – 18446 und wurden in drei Serien ausgeliefert. Die dritte Nachbauserie (18427 – 18446) erhielt einen um 500 mm längeren Fahrzeugrahmen, welcher bereits für die spätere Aufnahme einer Zentralkupplung vorbereitet ist. Die Lokomotiven besitzen zwei Rangierplattformen und ein am Fahrzeugende angeordnetes Führerhaus. Sie waren den Depots Bellinzona, Genève, Lausanne, Biel, Bern, Rorschach, Winterthur, Zürich und Basel zugeteilt. Neben Einsätzen in Rangierbahnhöfen konnten sie auch für Hilfszüge oder bei Bedarf für leichteren Streckendienst herangezogen werden. Die 18414 besaß als Spezialität eine Funkausrüstung für das Dreischienengleis der RBS und ein aufgemaltes Berner Wappen am Kamin. Ab 1984 bekamen einige der Lokomotiven anlässlich von Revisionen ein rotes Farbkleid. Erst 1996 schied mit der 18417 die erste Lokomotive unfallbedingt aus dem Betrieb. 2000 waren die restlichen 45 Lokomotiven auf alle drei Divisionen verteilt, obwohl die Division Cargo mit 24 Lokomotiven den größten Anteil der Fahrzeugserie innehatte. Ab 2005 begann dann schließlich die Ausrangierung der doch schon in die Jahre gekommenen Lokomotiven. Für einige dieser robusten, zuverlässigen und

Erbauer:	**SLM, SAAS**
Baujahr:	**1960 - 1970**
Betriebsnummern:	**18401 - 18446**
Vmax:	**75 km/h**
Gewicht:	**72 - 73,2 t**
Leistung:	**620 kW**
Anstrich:	**rotbraun, rot**
Länge über Puffer:	**12'650 - 13'150 mm**
Ausrangierungen:	**alle außer 18415 und 18435**
Verkauf / Abgabe:	**18403, 18407, 18411, 18416, 18420, 18424, 18425, 18426 und 18430**

beliebten Lokomotiven bedeutete die Ausrangierung bei der SBB aber nicht gleich den Abbruch. Acht Lokomotiven konnten an Dritte weiterverkauft werden, einige davon stehen nach wie vor für Bauzüge im Einsatz. Die 18403, 18416 und 18426 an Swissrail Traffic AG, 18407, 18411 (ex Marti Tunnelbau, ex Müller Gleisbau), 18420 und 18424 an BRM Rail Investment GmbH, wobei die 18411 heute einen dunkelblauen (früher gelben) Anstrich trägt. Die 18430 ist im Besitz von Sajet SA und die 18425 gehört zum Bestand der SBB Historic. Bis heute sind noch die 18415 und 18435 bei der SBB Division Personenverkehr verblieben und in Genève respektive Brig der Reserve zugeteilt. Der Brennstoffbehälter einer Bm 4/4-Lokomotive fasst 2'000 Liter Diesel.

Ee 922

Um die zahlreich noch im Einsatz stehenden, elektrischen Rangierlokomotiven Ee 3/3, welche teilweise bereits seit über 60 Jahren im Einsatz standen, abzulösen, beschaffte 2009 bis 2010 die SBB beim Hersteller Stadler Fahrzeuge 21 elektrische, zweiachsige Rangierlokomotiven. Vier baugleiche Fahrzeuge kamen 2015 noch hinzu. Vom Aussehen her erinnern sie an die ehemaligen Ee 3/3-Lokomotiven. Sie besitzen aber im Vergleich zu diesen nur zwei Achsen. Der geräumige Führerstand befindet sich in Fahrzeugmitte, an beiden Fahrzeugenden sind Rangierplattformen vorhanden. Neben dem Vorheizen von Wagen und Kompositionen gehört der Rangierdienst in den Großbahnhöfen zum Haupteinsatzgebiet dieser praktischen Lokomotiven, da dort beinahe sämtliche Gleise elektrifiziert sind. Aus diesem Grund sind alle 25 Fahrzeuge der Division Personenverkehr zugeteilt und verteilen sich auf Standorte wie Zürich, Genf, Basel, Bern, Biel, Brig, Chur, Luzern und Romanshorn. Beim Personal sind die sehr ruhig und zuverlässig verkehrenden Fahrzeuge beliebt. Die Lokomotiven wurden als Zweifrequenzfahrzeuge (SBB / SNCF) erbaut und können somit auch unter dem französischen Stromsystem verkehren, was in Genf und Basel zum Alltag gehört. Die Ee 922, auch scherzhaft »Papamobil« genannt, diente als Basismodell für die mit ihnen verwandten Eem 923 der Division Cargo. Die Lokomotive erhielt im Jahr 2010 von einer Zeitschrift eine Auszeichnung, was ihr Design betrifft. Bei Stadler Fahrzeuge trägt die Fahrzeugserie den Übernamen »Butler«.

Erbauer:	Stadler Fahrzeuge
Baujahr:	2009 - 2010, 2015
Betriebsnummern:	922 001 - 025
Vmax:	100 km/h (geschleppt 120 km/h)
Gewicht:	40 - 44 t
Leistung:	750 kW
Anstrich:	rot mit schwarz im Bereich des Führerstandes
Länge über Puffer:	8'800 mm

Eem 923

2011 bis 2013 baute der Schweizer Fahrzeughersteller Stadler Fahrzeuge für die SBB (Division Cargo) 30 Zweikraftlokomotiven, welche als Eem 923 001 – 030 in Betrieb gesetzt wurden. Mit diesen modernen und zugkräftigen Lokomotiven konnte einerseits der Fahrzeugpark vereinheitlich, andererseits ältere Rangierlokomotiven aus dem Betrieb genommen werden. Die Lokomotive basiert auf dem Fahrzeugtyp Ee 922, welche aber als rein elektrische Lokomotive konstruiert wurde. Dank der großen Führerstandfenstern hat da Personal eine gute Rundumsicht, was die Arbeitssicherheit erhöht. Die Hybridlokomotive ist im Dieselbetrieb sowie unter Fahrdraht einsetzbar, was flexible Einsätze erlaubt. Der Führerstand ist in der Mitte des Fahrzeuges angelegt, eine Rangierplattform befindet sich beim rot gestrichenen Teil des Fahrzeugs. Die SBB besitzen auch eine Option für weitere Fahrzeuge dieser Baureihe, welche aber bis zum jetzigen Zeitpunkt noch nicht eingelöst wurde. Auf den rot-blau gestrichenen Lokomotiven ist auf dem blauen Teil des Fahrzeugs der Schriftzug »Cargo« angebracht. Die Eem 923 verteilen sich auf die ganze Schweiz und sind an SBB Cargo-Stützpunkten wie z.B. Zofingen, Suhr, Gossau SG etc. anzutreffen, kommen aber auch z.B. im Rangierbahnhof Lausanne –Triage zum Einsatz. Mit einer Höchstgeschwindigkeit von 120 km/h sind auch Einsätze auf der Strecke möglich. Bis im Sommer 2021 wurde sämtlichen Maschinen noch das ETCS eingebaut. Beinahe alle 30 Loks besitzen Taufnamen von lokalen Bergen, wobei nach einer Standortverschiebung einer Lokomotive der Standort mit dem Taufnamen natürlich nicht mehr übereinstimmt. Stadler Fahrzeuge ist für die Entwicklung der gefällig wirkenden Eem 923 mit dem Innovationspreis des »Privatbahn Magazin« ausgezeichnet worden.

Erbauer:	Stadler Fahrzeuge AG
Baujahr:	2011 – 2013
Betriebsnummern:	923 001 – 030
Vmax:	120 km/h
Gewicht:	41 – 45 t
Leistung:	1'500 kW (elektrisch) / 290 kW (Dieselbetrieb)
Anstrich:	rot-blau (Cargo-Anstrich)
Länge über Puffer:	9'132 mm

Ee 934

Als Ee 3/3 IV 16551 – 16560 erhielten die SBB zwischen 1962 und 1963 zehn durch die SLM und die SAAS erbaute, elektrische Rangierlokomotiven. Diese dreiachsigen Lokomotiven können unter vier verschiedenen Stromsystemen verkehren (15 kV/16,7 Hz, 1'500 V =, 3'000 V = sowie 25 kV/50 Hz) und wurden somit explizit für den Rangierdienst in den Grenzbahnhöfen Genf, Basel, Vallorbe und Chiasso beschafft. In den Jahren 1994 – 1998 wurden alle damals noch braun gestrichenen Maschinen umgebaut (u.a. Einbau einer Vielfachsteuerung) und erhielten neben der neuen Bezeichnung Ee 934 551 – 560 auch einen feuerroten Anstrich. Später waren sie dann hauptsächlich in Genf und Chiasso anzutreffen, wo sie in den weitläufigen Gleisanlagen dem Rangierdienst zugeteilt waren. Gelegentlich kamen sie aber auch im Personenverkehr zwischen Genf und La Plaine zum Einsatz, wenn andere Triebfahrzeuge ausfielen. Die komplette Fahrzeugserie stand bis 2006 im Einsatz, ehe die schon bald 50jährigen Rangierlokomotiven aufs Abstellgleis wanderten. Mit der Ablieferung der Am 843 und dem Wegfall lokbespannter internationaler Züge verloren die Ee 934 ihr typisches Arbeitsfeld immer mehr. Bis heute sind noch drei Lokomotiven erhalten geblieben. Die Ee 934 553, 555 und 556 kommen, wenn überhaupt, nur noch in seltenen Fällen zum Einsatz oder sind bereits abgestellt. Einen besonderen Werdegang erlebte allerdings noch die Ee 934 560, welche zu Versuchszwecken umgebaut wurde (u.a. Einbau eines speziellen Transformators) und mit teilweise weiß gestrichenen Fahrzeugseiten als Ee 933 001 noch bis zur Abstellung infolge eines Schadens in Genf im Rangierdienst stand. Die Lokomotive wurde schließlich dem Verkehrshaus in Luzern übergeben, war aber immer wieder mal ausgelagert.

Erbauer:	**SLM, SAAS**
Baujahr:	**1962 - 1963**
Betriebsnummern:	**16551 - 16560 / 934 551 - 560**
Vmax:	**60 km/h**
Gewicht:	**48 t**
Leistung:	**390 kW**
Anstrich:	**braun, rot**
Länge über Puffer:	**10'020 mm**
Ausrangierungen:	**551 - 552,554, 557 - 560**
Verkauf / Abgabe:	**560 (als 933 001)**

Em 3/3

Ende der fünfziger Jahre standen noch diverse Dampflokomotiven des Typs E 3/3 als Rangierlokomotiven im Einsatz. Um sie endlich ablösen zu können, beschaffte die SBB 1959/60 bei den SLM, BBC und SAAS sechs Prototypen einer dieselelektrischen Rangierlokomotive. Den als Em 3/3 18801 – 18806 in Betrieb gesetzten Lokomotiven folgten ab 1962 bis 1963 noch 35 weitere Loks. Das Design der Em 3/3 entspricht einem klassischen Zweckbau der sechziger Jahre. Der mechanische Teil der Lokomotive ist auf einem robusten Rahmen aufgebaut, das Führerhaus befindet sich am hinteren Fahrzeugende zwischen den Vorbauten. Die mit zwei Rangierplattformen ausgestatteten Lokomotiven verteilten sich auf das gesamte SBB-Netz. Die gesamte Fahrzeugserie stand bis 1995 im Einsatz, ehe mit der Lok 18803 das erste Fahrzeug ausrangiert wurde. Die restlichen 40 Maschinen erlebten alle noch die Jahrtausendwende und verteilten sich damals auf alle drei Divisionen (P, Cargo und Infrastruktur). Erst mit der Inbetriebnahme der modernen Am 843 konnte auf die Em 3/3 verzichtet werden. Bis 2006 schieden die restlichen fünf Prototypen aus dem Dienst, die ersten Serienmaschinen wurden aber bereits ab 2004 aus dem Dienst genommen. Heute sind die Em 3/3 weitgehend verschwunden. Die beiden Lokomotiven 18808 (bis 2022) und 18831 erhielten eine Auffrischung und stehen als Rangierlokomotiven im IW Bellinzona im Einsatz, die 18815 (Dora) und 18822 (Emma) für denselben Zweck im IW Olten. Als »letzter« Mohikaner steht derzeit noch die 18838 in Buch SG im aktiven Rangierdienst. Die Lok 18807 erhielt als einzige Em 3/3 nach einer Unfallreparatur einen roten Anstrich. Privat erhalten sind noch die Loks 18814 (Museumsbahn Etzwilen – Singen), 18822 (DSF Koblenz) sowie die beiden 18829 und 18832 in Privatbesitz, Winterthur. Die SZU besaß mit der Em 3/3 6 (Leu) ebefalls eine solche Lokomotive, welche dann nach der Außerdienststellung an den Verein CSG (heute Swiss Rail Park St. Gotthard in Biasca) gegeben werden konnte.

Erbauer:	**SLM, BBC, SAAS**
Baujahr:	**1959 - 1963**
Betriebsnummern:	**18801 - 18841**
Vmax:	**65 km/h**
Gewicht:	**49 t**
Leistung:	**326 kW**
Anstrich:	**rotbraun, rot**
Länge über Puffer:	**10'020 mm**
Ausrangierungen:	**alle außer 18808, 18815, 18824, 18831 und 18838**
Verkauf:	**18814, 18822, 18829 und 18832**

RABDe 500 »ICN«

1995 schrieben die SBB neue Züge aus (Konzept Bahn 2000). Ab 1999 lieferten die Adtranz Werke und FIAT / SIG als erste Serie 23 siebenteilige Neigezüge aus, als zweite Serie kamen dann durch Bombardier und Alstom 21 weitere Züge hinzu. Die Serie trägt die Bezeichnung RABDe 500 000 – 043, jeder Zug ist unter dem Führerstandsfenster mit einem Namen einer Schweizer Persönlichkeit versehen. Jede Einheit besteht aus sieben Wagen: Triebsteuerwagen (2. Kl.), 2. Klasse-Wagen, 1. Klasse-Wagen, 1. Klasse Wagen, Halbspeisewagen mit 1. Klasse-Abteilen, 2. Klasse-Wagen sowie einem Triebsteuerwagen (2. Kl.). Angetrieben ist jeweils eine Achse der acht Drehgestelle der beiden letzten Wagen beidseits des Zuges. Die Züge sind mit einer Neigetechnik ausgestattet, welche Neigungen bis zu 8 Grad erlaubt, wodurch höhere Geschwindigkeiten in Kurven möglich sind. Die Neigung ist grundsätzlich aktiv und wird ab Geschwindigkeiten von über 55 km/h freigegeben. Von 2015 – 2016 wurden die Züge etwas aufgefrischt, erhielten ein modernere Inneneinrichtung und Anpassungen, damit sie durch den Gotthard-Basistunnel fahren können. Die Züge verkehren bei Bedarf auch in Doppeltraktion. Ein RABDe 500 bietet 322 Sitzplätze in 2. Klasse, 125 Sitzplätze in 1. Klasse sowie 20 Plätze im Speisewagen. Das Unterhaltszentrum für die ICN befindet sich in Genève, Revisionen werden im Industrie Werk Yverdon gemacht. Es ist geplant, die 44 Züge bis 2029 in Yverdon für weitere 20 Jahre fit zu machen. Da sie über keinen Niederflureinstieg verfügen, muss Reisenden in Rollstühlen mittels Handlifte in die Züge geholfen werden. Die Züge laufen sehr zuverlässig und sind beim Personal wie auch bei Reisenden beliebt. Lediglich ein Vorfall, bei dem sich bei einem Zug Schrauben eines Drehgestells lockerten und die ganze Serie für eine relativ kurze Zeit stillgelegt werden musste, warf etwas Schatten auf den Zug. Den Fahrzeugen ging noch ein heute nicht mehr existierender Prototyp (RABDe 500 050) voraus. Der ICN 500 037 trug eine Zeitlang über der Front eine Art Lachgesicht eines Clowns, anlehnend an den Clown »Grock«.

Erbauer:	**Adtranz, Fiat/SIG, Bombardier, Alstom**
Baujahr:	**1999 - 2005**
Betriebsnummern:	**500 000 - 043**
Vmax:	**220 km/h**
Gewicht:	**355 t**
Leistung:	**5'200 kW**
Anstrich:	**weiß-schwarz mit roten Fronten**
Länge über Puffer:	**188'800 mm**

RABe 501

Stadler Fahrzeuge konstruierte 2017 – 2020 insgesamt 29 elfteilige Gliederzüge für die SBB, welche sie als RABe 501 001 – 029 in Betrieb nahmen. Die Züge besitzen alle einen Speisewagen, nachdem zuerst geplant war, 19 Züge mit und 10 Züge ohne Speisewagen zu liefern. Pro Fahrzeugseite sind dreizehn Niederflureinstiege vorhanden, allerdings länderspezifisch je nach Höhe der Bahnsteigkanten in verschiedenen Höhen angelegt. Von zwölf Jakobsdrehgestellen sind deren vier angetrieben. Stadler bezeichnet den Zug als SMILE (schneller mehrsystemfähiger innovativer leichter Expresszug), die SBB gaben ihm den Namen »Giruno«. Die sehr komfortablen Züge sind beliebt und boten im Gegenteil zu anderem neuen Rollmaterial relativ wenige Probleme bei der Inbetriebnahme. Zuerst wurden die Züge auf der Achse Zürich Flughafen – Zürich HB – Basel SBB eingesetzt, heute gehört die Gotthardstrecke (Basistunnel) zu ihrem Haupteinsatzgebiet. Die Züge werden bei Bedarf auch in Doppeltraktion geführt. Ein »Giruno« besteht aus vier 1.Klasse-Wagen (117 Sitzplätze), einem Speisewagen (17 Sitzplätze) sowie sechs 2.Klasse-Wagen (422 Sitzplätze). Die geräumigen und hellen Fahrgastabteile sind mit modernsten Inneneinrichtungen ausgestattet und bieten auch genug Plätze für Reisende im Rollstuhl. Einige der Züge tragen Namen, es ist geplant allen RABe 501 den Namen eines Kantons zu geben und das dazugehörende Wappen unter dem Führerstandsfenster anzubringen. Ein Giruno kann unter drei verschiedenen Stromsystem verkehren: 15 kV / 16,7 Hz, 25 kV / 50 Hz sowie 3'000 V =. Die Züge besitzen zudem eine Zulassung für Deutschland, Italien und Österreich.

Erbauer:	**Stadler Fahrzeuge**
Baujahr:	**2019 - 2020**
Betriebsnummern:	**501 001 - 029**
Vmax:	**250 km/h**
Gewicht:	**380 t**
Leistung:	**6'000 kW**
Anstrich:	**schwarz-weiß mit roten Fronten**
Länge über Puffer:	**202'000 mm**

RABe 502.0 / RABe 502.2 / RABe 502.4

Im Mai 2010 vergaben die SBB die größte Rollmaterialbeschaffung ihrer Geschichte an Bombardier-Transportation. Insgesamt wollte die SBB 59 Doppelstockzüge in drei verschiedenen Ausführungen mit Wankkompensation in Betrieb nehmen. Bei der Inbetriebnahme der RABe 502, welche auch als »Twindexx« bezeichnet werden, kam es zu massiven Verzögerungen und großen Problemen. Aus der geplanten Inbetriebnahme im Jahr 2013, um älteres Rollmaterial ersetzen zu können, wurde nichts und die ersten Züge kamen schrittweise erst ab 2018 (!) zum Einsatz. Ein Teil der Verzögerung ist auch auf ein Urteil des Bundesverwaltungsgerichts zurückzuführen, da die SBB verpflichtet wurde, ein zusätzliches Behindertenabteil samt rollstuhlgängiger Toilette im an den Speisewagen angrenzen Wagen einzubauen! Auch wenn dann die Züge langsam, aber sicher in Betrieb genommen werden konnten, gab es immer noch große Probleme. Die Züge wankten zu stark, hatten oft Störungen beim automatischen Kuppeln oder die Türen blockierten. Mittlerweilen sind die Züge etwas zuverlässiger, dennoch kommt es im Vergleich zu anderem Rollmaterial nach wie vor zu vielen Störungen. Die RABe 502 000 – 023 sind achtteilig erbaut und bieten 176 in der ersten, 401 in der zweiten Klasse sowie 29 Sitzplätze im Speisewagen. Diese Züge werden als »Version IC 200« bezeichnet. Die RABe 502 201 – 230 (Version IR 200) sind außer dem fehlenden Speisewagen im Prinzip baugleich, bieten dadurch aber mehr Sitzplätze (181 in der ersten sowie 501 in der zweiten Klasse). Bei den vierteiligen RABe 502 401 – 409 handelt es sich um die Version IC 100, welche über 47 (1. Kl.) und 283 Sitzplätze in der zweiten Klasse verfügen. Die Bezeichnungen »100« und »200« erhielten die Züge betreffend der Fahrzeuglänge. Die Züge bieten eine moderne und helle Inneneinrichtung und sind mit jeglichem Komfort ausgerüstet. Bei den längeren Zügen 502.0 und 502.2 treiben zwölf Fahrmotoren gleich viele Drehgestelle an, die anderen vier Drehgestelle sind unmotorisiert. Bei der vierteiligen Version mit sechs Fahrmotoren sind sechs von acht Drehgestellen angetrieben. Die Züge haben eine schnelle Beschleunigung und bei idealen und störungsfreien Verkehren eine ruhige Laufeigenschaft. Das Wanken, welches nicht bei allen Fahrzeugen gleich stark zu spüren war, konnte mit der Anpassung der Software etwas reduziert werden. Dennoch konnten sie ihrem gewünschten Titel als »Flaggschiff der SBB im Fernverkehr« bis heute nicht gerecht werden.

Auf der Achse St. Gallen – Genève-Aéroport führen sie in der Regel alle Kurse des IC 1, meistens in Doppeltraktion, wobei dann oft ein RABe 502.0 mit einem RABe 502.2 zum Einsatz kommt. Als Solofahrzeuge kommen sie auf den Linien Luzern – Zürich – St. Gallen – Chur zum Einsatz. Die vierteiligen »Twindexx« dienen eher als »Verstärker« und kommen eher selten zu Soloeinsätzen. Seit einiger Zeit kommen sie auch durch den Gotthardbasistunnel ins Tessin zum Einsatz. Jeder Wagen der Kompositionen besitzt beidseitig zwei Einstiegstüren. Aufgrund der Lieferverzögerungen entschädigte der Hersteller Bombardier die SBB mit der Lieferung von drei weiteren Zügen, womit dann ab 2022 62 Einheiten in Betrieb sein sollen. Gebaut wurden sie in den Bombardierwerken in Villeneuve (CH), Görlitz (D), Siegen (D) und Brüssel (BEL). Die Endmontage sowie die Inbetriebnahme erfolgten in Villeneuve. Einige der Züge tragen Namen und Wappen seitlich des Führerstandes. Im Fachjargon werden die Züge auch als »FV-Dosto« (Fernverkehr-Doppelstockzug) bezeichnet.

Erbauer:	**Bombardier Transportation**	**Bombardier Transportation**
Baujahr:	**2013 - 2022**	**2013 - 2022**
Betriebsnummern:	**502 001 - 023/201 - 230**	**502 401 - 409**
Vmax:	**200 km/h**	**200 km/h**
Gewicht:	**539 t**	**269,5 t**
Leistung:	**7'500 kW**	**3'750 kW**
Anstrich:	**schwarz-weiß**	**schwarz-weiß**
Länge über Puffer:	**200'600 mm**	**100'100 mm**

RABe 503 / ETR 610

Die durch die Cisalpino AG im Jahr 2004 bestellten 14 Züge erhielten die Bezeichnung ETR 610 001 – 014. Für Dezember 2008 war die Inbetriebnahme der durch die Firma Alstom erbauten Triebzüge geplant, verzögerte sich aber wegen zu später Lieferung. Erst im Laufe des 2009 konnte der erste Zug in Betrieb genommen werden. Mit der Auflösung der Cisalpino AG (November 2009) wurden alle Züge zwischen der SBB und Trenitalia (je sieben ETR 610) aufgeteilt: Die Fahrzeuge ETR 610 001 – 004, 008, 011 und 012 gingen nach Italien, die ETR 610 005 – 007, 009 – 010 und 013 – 014 gingen an die SBB über. Die ursprünglich silberfarben gestrichenen Züge erhielten bald einmal das »ICN-Design«. Im August 2012 bestellte die SBB acht weitere Züge, welche aber als RABe 503 011 – 018 in Betrieb genommen werden konnten, um damit die störungsanfälligen ETR 470 ablösen zu können. Im Hinblick auf die Eröffnung des Gotthard-Basistunnels lösten die SBB Anfang 2015 noch eine bestehende Option für vier weitere Züge ein, welche 2016/17 als RABe 503 019 – 022 in Betrieb genommen werden konnten. Die siebenteiligen Züge besitzen acht Fahrmotoren, angetrieben sind jeweils die inneren Achsen der beiden Endwagen sowie des jeweils folgenden Mittelwagens. Die RABe 503 / ETR 610 (106 Sitzplätze 1. Kl., 302 Sitzplätze 2. Kl.) werden in Genf unterhalten und können unter drei verschiedenen Stromsystem verkehren: 15 kV / 16 2/3 Hz, 25 kV / 50 Hz sowie 3'000 V =. Haupteinsatzgebiet der Züge ist der internationale Verkehr: von Beginn weg fuhren sie auf der Achse Genève – Milano Centrale, später Basel SBB – Milano Centrale. Ab Dezember 2015 kam dann die Gotthardstrecke hinzu, es gab Umläufe von und bis nach Frankfurt am Main. Seit der Inbetriebnahme der Giruno-Züge RABe 501 werden die RABe 503 hauptsächlich auf der nun durchgehend elektrifizierten Strecke Zürich HB – München Hbf, oft in Doppeltraktion, eingesetzt. Es ist geplant, die ETR 610 005, 006, 007, 009, 010, 013 und 014 gelegentlich in RABe 503 001 – 007 umzubenennen. Die Züge tragen den Übernamen »Astoro«.

Erbauer:	**Alstom**
Baujahr:	**2007 - 2009, 2014 - 2017**
Betriebsnummern:	**503 011 - 022 / 610 005 - 007, 009 - 010 und 013 - 014**
Vmax:	**250 km/h**
Gewicht:	**450 t**
Leistung:	**5'500 kW**
Anstrich:	**weiß-schwarz mit roten Fronten**
Länge über Puffer:	**187'400 mm**

RABe 511.0 / 511.1

Bei dieser Lieferung der neuen, auch »Regio-Dosto« genannten Triebzüge handelt es sich um die dritte Generation von Rollmaterial für die Zürcher S-Bahn. Stadler Fahrzeuge lieferte als erstes Baulos 50 Fahrzeuge des Typs RABe 511 an die SBB. Die Fahrzeuge, welche zwischen 2011 und 2015 abgeliefert wurden, erhielten die Nummern 001 – 050. Eine zweite Serie von 19 Fahrzeugen (511 051 – 069) wurden zwischen 2016 und 2018 geliefert. Die sechsteiligen Niederflurzüge bestehen aus zwei auf allen vier Achsen angetriebenen Endwagen sowie vier Zwischenwagen. Jeder Wagen bietet zwei Einstiegtüren pro Seite, was einen schnellen Fahrgastwechsel ermöglicht. Die RABe 511 besitzen eine ruhige und komfortable Laufeigenschaft. Dank ihrer schnellen Beschleunigung eignen sie sich auch auf Strecken mit kurzem Haltestellenabstand, ebenso wird damit eine ideale Fahrplanstabilität erreicht. Die Züge 001 – 013, 031 – 035 und 039 – 069 tragen den ZVV-Anstrich, die übrigen Züge 014 – 030 sowie die 036 – 038 tragen den Fernverkehrsanstrich in grauweiß. Mit ETCS Level 2 ausgerüstet sind die Fahrzeuge mit den Nummern 017 – 021, 026 – 030 und 036 – 038. Die Fahrzeuge im ZVV-Anstrich kommen auf diversen Linien der Zürcher S-Bahn zum Einsatz, oft auch in Doppeltraktion. Die Einheiten im Fernverkehrsanstrich verkehren als IR-Züge oder RE-Züge auf diversen Hauptlinien. Ein RABe 511.0 bietet 120 Sitzplätze in der ersten Klasse sowie 415 deren in zweiter Klasse. Ein gutes Dutzend der Fahrzeuge erhielten Taufnamen und tragen ein kleines Wappen. Neben diesen 69 Triebzügen beschafften die SBB bei Stadler Fahrzeuge weitere 24 Doppelstockzüge, allerdings diese nur in vierteiliger Bauweise. Auch bei diesen Zügen sind alle Achsen der beiden Endwagen angetrieben. Die Züge tragen die Nummern 511 101 – 124, haben alle denselben Anstrich und bieten 60 (1. Kl.) sowie 277 Sitzplätze in der zweiten Klasse. Auch diese Züge kommen auf diversen SBB-Linien zum Einsatz, fahren aber auch bis ins französische Annemasse östlich von Genève. 43 der RABe 511.0 sowie sämtliche 24 RABe 511.1 sollen demnächst so umgebaut werden, damit sie auch als passende Fahrzeuge in Interregio-Diensten zum Einsatz kommen, da Einsätze der RABe 511-Züge (Regio-Dosto-Version) immer wieder für negative Kritiken sorgten. Die RABe 511 gehören zur Gruppe der »KISS«-Züge, was »komfortabler innovativer spurtstarker S-Bahn-Zug« bedeutet. Stadler Fahrzeuge lieferte auch sehr ähnliche Fahrzeuge an anderen Bahnen. So stehen zum Beispiel bei der BLS 39 vier- und sechsteilige Züge mit dem Namen »Mutz« als RABe 515 001 – 039 der »KISS-Produktfamilie« im Einsatz.

	RABe 511.0	RABe 511.1
Erbauer:	Stadler Fahrzeuge	Stadler Fahrzeuge
Baujahr:	2011 - 2018	2012 - 2013
Betriebsnummern:	511 001 - 069	511 101 - 124
Vmax:	160 km/h	160 km/h
Gewicht:	297 t	211,9 t
Leistung:	6'000 kW	6'000 kW
Anstrich:	weiß-blau (ZVV), grau-weiß	grau-weiß
Länge über Puffer:	150'000 mm	100'360 mm

RABe 514

Der Ersatz von älterem Rollmaterial und der Ausbau der Zürcher S-Bahn verlangte nach neuem Rollmaterial. Im Februar 2003 entschied der Verwaltungsrat, beim Hersteller Siemens 35 vierteilige, doppelstöckige Triebwagenzüge zu beschaffen. Da der Hersteller aber nicht in der Lage war, die Züge im vereinbarten Rhythmus abzuliefern, kam es zu größeren Verzögerungen. Nach einer Präsentation in der Öffentlichkeit im Jahr 2005 kamen die Züge erst 2006 in den Fahrplanbetrieb. Noch im Mai 2006 bestellten dann die SBB 25 weitere Züge. Der RABe 514 061 wurde kostenlos geliefert, da der Hersteller damit wegen der Lieferverzögerungen eine drohende Konventionalstrafe umgehen konnte. Ein RABe 514 bietet 74 Sitzplätze in der ersten Klasse (Endwagen) sowie 304 Sitzplätze in der 2. Klasse. Lediglich das 1. Klasse Abteil ist mit Steckdosen ausgerüstet. Alle vier Wagen des Zuges bieten je zwei große Einstiegstüren, welche kurz nach der Inbetriebsetzung noch etwas Probleme bereiteten. Nachdem sie anfänglich auf der S 14 im Einsatz standen, kommen sie heute auf diversen S-Bahnlinien um Zürich zum Einsatz. Mit diesen Zügen konnte auf bestimmten Linien die Re-450-Pendelzüge abgelöst werden, welche wiederum die Mirage-Züge, die RABDe 510, überflüssig machten. Angetrieben sind jeweils alle vier Achsen der beiden Endwagen. Die komfortablen Züge sind durchgehend in Niederflurbauweise erstellt worden und haben ein gefälliges Design. Die rasche Beschleunigung erlaubt eine zuverlässige Einhaltung des Fahrplans. Alle 61 Züge tragen den »ZVV-Anstrich« und besitzen nur eine Zulassung für die Schweiz. Im Planbetrieb kommen in Stoßzeiten bis zu drei Einheiten in Vielfachsteuerung zum Einsatz. Am Bau der Fahrzeuge war neben Siemens auch das Stadler Werk in Altenrhein beteiligt. Im Jahr 2016 wurden bei allen Einheiten (wie bei anderem Rollmaterial auch) sämtlich Mülleimer bei den Sitzplätzen entfernt und durch größeren Abfallbehälter im Einstiegsbereich ersetzt. Seit 2019 festgestellt wurde, dass die Lager der Fahrmotoren mehr Verschleiß aufweisen als erwartet, wurden die betroffenen Motoren überprüft und wenn nötig revidiert, was zwar nicht zu Zugausfällen, aber zu kürzeren Kompositionen geführt hatte.

Erbauer:	Siemens
Baujahr:	2005 - 2009
Betriebsnummern:	514 001 - 061
Vmax:	140 km/h
Gewicht:	225 t
Leistung:	3'200 kW
Anstrich:	weiß-blau
Länge über Puffer:	100'000 mm

RABe 520

2002 lieferte Stadler Fahrzeuge einen der ersten GTW (Gelenktriebwagen) an die SBB. Die als RABe 520 000 – 016 in Betrieb gesetzten Fahrzeuge bestehen aus einem zweiachsigen Antriebsmodul sowie zwei End- und einem Zwischenwagen. Die im Vergleich zu anderen Fahrzeugen schmalen Wagenkästen wurden konstruiert, damit zu der im Seetal (Linie Luzern – Lenzburg) oft parallel verlaufenden Straße genügend Abstand besteht. Die RABe 520 (auch Seetal-GTW oder GTW 2/8 genannt) sind somit auch die einzigen Triebfahrzeuge des Personenverkehrs, welche heute auf der Seetal-Linie im Normalfall im Personenverkehr eingesetzt werden. Daneben kommen sie aber auch im Regionalverkehr auf anderen Linien wie z.B. Bülach – Waldshut oder Luzern – Brunnen zum Einsatz. Im Gegensatz zu anderen Niederflurzügen beträgt die Einstiegshöhe der RABe 520 nur 35cm, damit sind sie den Perons der Seetal-Linie angepasst. Von 2019 bis 2021 durchliefen alle 17 Züge ein Refit-Programm, wobei die Fahrzeugkästen eine Korrosionsbehandlung erhielten und jeweils ein Einstieg pro Fahrzeug auf 55 cm angepasst wurde. Zudem wurde ihnen noch ein neuer Anstrich, welcher der »Flirt-Gruppe« stark ähnelt, verpasst. Sämtliche 17 Triebzüge tragen Namen unter dem Führerstandsfenster von Ortschaften der Seetal-Linie oder von Orten mit Bezug zum Seetal. Obwohl die Fahrzeuge eigentlich überzeugten, blieb es seitens der SBB bei dieser einmaligen Anschaffung dieser Züge, da schon bald mit dem »Flirt« ein neues Produkt auf den Schweizer Schienen Einzug hielt. Ein RABe 520 verfügt über 6 Einstiegstüren pro Fahrzeugseite und bietet 12 Sitzplätze in der ersten sowie 127 Sitzplätze in der zweiten Klasse. Bei einigen der Fahrzeuge dient das Antriebsmodul als Werbefläche.

Erbauer:	**Stadler Fahrzeuge**
Baujahr:	**2002**
Betriebsnummern:	**520 000 - 016**
Vmax:	**115 km/h**
Gewicht:	**78,5 t**
Leistung:	**760 kW**
Anstrich:	**rot-weiß-schwarz**
Länge über Puffer:	**53'434 mm**

RABe 521.0 / RABe 521.2

Zwischen 2004 und 2006 sowie 2009 und 2010 lieferte Stadler Fahrzeuge insgesamt 30 vierteilige Triebzüge an die SBB. Bei den 521 001 – 030 handelt es sich um den Fahrzeugtyp »Flirt«, was »Flinker innovativer spurtstarker Regionaltriebzug« bedeutet, wie sie mit den RABe 523 schon bei der SBB im Einsatz stehen. Die Züge weisen eine ruhige Laufeigenschaft auf, besitzen eine kundenfreundliche Inneneinrichtung, weisen pro Wagen beidseitig vier Niederflureinstiege auf und sind durchgehend begehbar. Jeder RABe 521 besitzt eine große, behindertenfreundliche Toilette. Die RABe 521 012 – 030 kommen hauptsächlich im Raum Basel auf den dortigen S-Bahn-Linien zum Einsatz, je nach Bedarf oft in Doppeltraktion. Die RABe 521 001 – 011 sind der Wiesentalbahn (Basel SBB – Zell i.W.) zugeteilt. Einige der Züge tragen einen Namen von Ortschaften in der Region Basel oder im Kanton Jura. Wie bei den für die Schweiz gelieferten »Flirt«-Zügen üblich besitzen diese Fahrzeuge zwei Antriebsdrehgestelle unter den Führerständen, bei den restlichen Laufdrehgestellen handelt es sich um Jakobsdrehgestelle. Bei den RABe 521 201 – 209 handelt es sich um neun sehr ähnliche Fahrzeuge, welche zuvor als RABe 526 651 – 659 (Thurbo) in Betrieb standen. Unter dem Namen »Seehas« führen diese Einheiten den Regionalverkehr vom Deutschen Konstanz über Radolfzell bis nach Engen, wobei sie auf Gleisen der DB verkehren. Im Gegensatz zu den RABe 521.0 besitzen die RABe 521.2 an den beiden Endwagen lediglich eine Einstiegstüre. Auch diese Züge fahren oft in Doppeltraktion. Beide Fahrzeugtypen besitzen eine Zulassung für die Schweiz sowie auch für Deutschland. Der RABe 521 017 besitzt derzeit einen gefälligen Werbeanstrich für die Fachhochschule Nordwestschweiz. Ein »Flirt« dieser Serie bietet 161 (521.0) respektive 147 (521.2) Sitzplätze in 2. Klasse sowie 20 (RABe 521.0) respektive 16 (RABe 521.2) in der 1. Klasse pro Fahrzeug.

	RABe 521.0	RABe 521.2
Erbauer:	Stadler Fahrzeuge, ABB	Stadler Fahrzeuge, ABB
Baujahr:	2004 - 2006 / 2009 - 2010	2006
Betriebsnummern:	521 001 - 030	521 201 - 209
Vmax:	160 km/h	160 km/h
Gewicht:	120 t	120 t
Leistung:	2'000 kW	2'000 kW
Anstrich:	weiß-schwarz	weiß-schwarz
Länge über Puffer:	74'070 mm	74'080 mm

RABe 522

Für den grenzüberschreitenden Verkehr mit Frankreich beschaffte die SBB in drei Tranchen 32 neue Triebzüge und griff dabei auf das bewährte Produkt »Flirt« von Stadler Fahrzeuge zurück, welche in leicht anderen Formen bereits seit Jahren bei der SBB im Einsatz stehen. 2011 kamen die RABe 522 201 – 214 für den Regionalverkehr im Raum Basel in Betrieb, ebenso für die später wieder reaktivierte Verbindung nach Delle (F) und der neu eröffneten Fortsetzung nach Meroux, wo Anschluss an den TGV besteht. Sie besitzen im Gegensatz zu den RABe 521 und 523 aufgrund der erhöhten Kollisionssicherheit eine leicht andere Frontpartie. Angetrieben sind die beiden Drehgestelle unter den Führerständen, die anderen drei Jakobsdrehgestelle bestehen aus Laufachsen. 2017 – 2019 kamen weitere 18 Fahrzeuge (522 215 – 232) hinzu, diese sind alle mit ETCS Level 3 ausgerüstet und tragen das gefällige »Léman-Express«-Design. Diese Züge kommen in der Region Genève zum Einsatz und verkehren aber auch in Frankreich bis nach Annecy, Evian-les-Bains oder Bellegarde. Die 201, 202 und 212 – 214 wurden im Nachhinein an die anderen Züge angepasst und kommen seither ebenfalls im Raum Genève als Flirt France Lex zum Einsatz, wo in den letzten Jahren der Regionalverkehr massiv ausgebaut wurde. Kernstück war der Bau der unterirdischen Verbindung von Genève ins französische Annemasse, welcher die alte Linie vom Bahnhof Genève – Eaux-Vives her ersetzte. Die Zweisystemzüge können unter 15'000 V 16,7 Hz (CH) sowie unter 25'000 V 50 Hz (F) verkehren. Auffallend an den RABe 522.2 sind beim Öffnen und Schließen der Türen die lauten Piepstöne, welche in Frankreich Vorschrift sind. Für Frankreich besitzen sie allerdings nur eine eingeschränkte Zulassung.

Erbauer:	**Stadler Fahrzeuge**
Baujahr:	**2011, 2017 - 2019**
Betriebsnummern:	**522 201 - 232**
Vmax:	**160 km/h**
Gewicht:	**135 t**
Leistung:	**2'000 kW**
Anstrich:	**weiß-schwarz, teilweise mit blauen Zierlinien (Lex)**
Länge über Puffer:	**75'000 mm**

RABe 523.0 / 523.1 / 523.5

Ab 2004 erhielten die SBB ihre ersten, durch Stadler Fahrzeuge erbauten RABe 523. Die auch als »Flirt« (Flinker, leichter, innovativer Regionaltriebzug) bezeichneten Fahrzeuge fallen durch ihre schnelle Beschleunigung, ihre ruhige Laufeigenschaft und durch ihre hohe Zuverlässigkeit auf. Die ersten zwölf Züge kamen für die Stadtbahn Zug (RABe 523 001 – 012) in Betrieb und besitzen im Gegensatz zu den später gelieferten Fahrzeugen eine blaue Dachkante. 2009 – 2010 kam mit den 523 013 – 031 die zweite Serie (RER Vaud) in Betrieb. Bei der dritten Serie, 523 032 – 043 (S-Bahn Luzern), handelt es sich um zwölf umgebaute Fahrzeuge, welche zuerst als Zweifrequenzfahrzeuge RABe 522 001 – 012 (SBB / SNCF) im Raum Basel eingesetzt wurden. 2012 – 2013 kamen als vierte Serie die 523 044 – 056, 2015 – 2016 die fünfte Serie mit den 523 057 – 066 und schließlich als sechste und letzte Serie ab 2017 die 523 067 – 073 (alle RegiOlten) in Betrieb. Dieser Bestellung schloss sich die Westschweizer Privatbahn TransN an und beschafft ebenfalls vier Fahrzeuge (074 – 077), welche aber in den grün-weiß-schwarzen Hausfarben der TransN (Region Neuchâtel) im Einsatz stehen. Allerdings gibt es bei den verschiedenen Baulosen einige Unterschiede, vor allem auch betreffend Inneneinrichtung. So verfügen zum Beispiel die 523 064 – 073 über eine größere Stehplatzzone, welche zugunsten von 21 Sitzplätzen mehr Raum bietet. Mit diesen modernen und komfortablen Niederflurzügen konnte älteres Rollmaterial ausgemustert werden. Ein »Flirt« der Serie 523.0 besteht aus vier Teilen mit zwei Antriebsdrehgestellen unter den Führerständen sowie drei Jakobsdrehgestellen, auf welche jeweils zwei der Zwischenwagen aufgebaut sind. Ein Teil der Fahrzeuge ist mit dem »RER«-Logo versehen und steht hauptsächlich in der Westschweiz im Einsatz. Neben der Westschweiz sind auch Bahnlinien in der Zentralschweiz ihr Einsatzgebiet. Oft verkehren sie in Doppeltraktion. Dank der raschen Beschleunigungskraft eignen sich diese Züge idealer Weise für Linien, auf welchen der Haltestellenabstand eher kurz ist und damit eine hohe Fahrplanstabilität garantiert wird. Als Flirt Typ 3 werden die weiter entwickelten Nachfolgerfahrzeuge bezeichnet. Sie fallen vor allem durch ihre geänderte Fahrzeugfront auf, sind aber bis auf einige Details ähnlich aufgebaut. Für die S-Bahn-Linien um Lausanne beschafften die SBB bei Stadler Fahrzeuge 2020 und 2021 insgesamt vierzehn Flirt Typ 3, welche als RABe 523 101 – 114 in Betrieb

genommen werden konnten und nur mit ETCS ausgerüstet sind. Zu Beginn ihrer Inbetriebnahme halfen auch einige wenige Fahrzeuge im Tessin aus. Auch diese RABe 523 sind mit dem »RER«-Logo versehen. Sehr ähnliche Fahrzeuge finden sich auch wie erwähnt bei der TransN (7), der Südostbahn (23) und bei der freiburgischen TPF SA (8). Des Weiteren wurde dieser Fahrzeugtyp auch in größerer Anzahl und in verschiedenen Versionen ins Ausland (Europa und Übersee) verkauft. Ein Flirt der Serie 523 besitzt je acht Einstiegstüren pro Fahrzeugseite und bietet 161 Sitzplätze. Bei den 523.5 handelt es sich um Flirt Typ 3 Fernverkehr, welche als RABe 523 501 – 507 im Laufe des 2022 in Betrieb kommen sollten und den Übernamen »Mouette« (dt. Möwe) tragen werden.

	RABe 523.0	RABe 523.1
Erbauer:	Stadler Fahrzeuge	Stadler Fahrzeuge
Baujahr:	2004 - 2017	2020 - 2021
Betriebsnummern:	523 001 - 073	523 101 - 114
Vmax:	160 km/h	160 km/h
Gewicht:	120 t	120 t
Leistung:	2'000 kW	2'000 kW
Anstrich:	schwarz-weiß	schwarz-weiß

RABe 524.0 / RABe 524.1 / RABe 524.2 / RABe 524.3

Stadler Fahrzeuge lieferte für die SBB und die Trenitalia mehrere Serien an Triebzügen (Typ »Flirt«) aus. Bei den mit »TILO« (Ticino – Lombardia) angeschriebenen Zügen handelt es sich um Zweisystemzüge mit einer Zulassung für die Schweiz (15'000 V / 16,7 Hz) sowie für Italien (3'000 V =), weshalb sie eine eigene Baureihenbezeichnung erhielten: RABe 524. Die vier Fahrzeugserien wurden wie folgt ausgeliefert:

RABe 524	*000 – 019*	*2007 – 2008*	*(vierteilig)*
RABe 524	*101 – 117*	*2010 – 2011*	*(sechsteilig)*
RABe 524	*201 – 204*	*2014*	*(vierteilig)*
RABe 524	*301 – 314*	*2020 – 2022*	*(sechsteilig)*

Bevor die Südostbahn den Personenverkehr über die Gotthard-Bergstrecke übernahm, wurden meist sechsteilige Flirt der Serie 524 101 – 117 für die Kurse eingesetzt. Heute führen die RABe 524 beinahe sämtliche Kurse der S-Bahn im Tessin und kommen damit auch bis nach Milano Centrale oder auch

Luino in Italien. Dabei verkehren die ersten drei Serien oft in Doppeltraktion untereinander. Derzeit erhalten die Fahrzeuge eine farblich neugestaltete Front: neben der roten Fläche um das Führerstandsfenster werden auch noch einige schmale Bereiche grün und blau gestrichen, was den Fahrzeugen ein gefälliges Aussehen gibt. Die RABe 524 201 – 204 waren längere Zeit mit »TRENORD« beschriftet. Bei den RABe 524 301 – 314 handelt es sich um eine Weiterentwicklung mit

abgeänderter Front, diese Fahrzeuge werden auch als Flirt Typ 3 bezeichnet. Die RABe 524 301 – 305 befinden sich im Besitz der SBB, die w306 – 314 sowie auch die vier 524 201 – 204 gehören der FNM. Somit kommen im Tessin sowie im grenzüberschreitenden Verkehr mit Italien insgesamt 23 vierteilige und 31 sechsteilige »Flirt« zum Einsatz. Mit diesen modernen und zuverlässigen Zügen konnte der Regionalverkehr massiv aufgewertet und der Fahrplan ausgebaut werden. Ein vierteiliger Flirt bietet 28 Sitzplätze in der ersten sowie 135 deren in der zweiten Klasse, ein sechsteiliger Flirt bietet 56 in der 1. Klasse sowie 180 in der 2. Klasse. In Italien werden die Züge als ETR 524 bezeichnet. Bei den 524.0, 524.1 und 524.2, dessen Türen früher grün gestrichen waren, besitzen die beiden Endwagen lediglich eine Einstiegstüre.

	RABe 524.0 / RABe 524.2	RABe 524.1 / RABe 524.3
Erbauer:	Stadler Fahrzeuge	Stadler Fahrzeuge
Baujahr:	2007 - 2008, 2014	2010 - 2011, 2020 - 2022
Betriebsnummern:	524 001 - 019, 201 - 204	524 101 - 117, 301 - 314
Vmax:	160 km/h	160 km/h
Gewicht:	131 - 133 t	174 t - 177,5 t
Leistung:	2'000 kW	2'000 kW
Anstrich:	schwarz-weiß	schwarz-weiß
Länge über Puffer:	74'078 mm	104'090 – 106'278 mm

RABe 526.2

Für die damalige RM (Regionalverkehr Mittelland, heute BLS) konstruierte Stadler Fahrzeuge 2003 in Zusammenarbeit mit der ABB sechs zweiteilige Gelenktriebwagen, 2004 kamen sieben weitere, dreiteilige Fahrzeuge hinzu. Die damals rot gestrichenen Fahrzeuge bestehen aus zwei Endwagen mit je einem Drehgestell unter den Führerständen, dazwischen befindet sich das zweiachsige Antriebsmodul, auf welchem beidseitig das RM-Logo angebracht war (526 260 – 265). Bei der dreiteiligen Variante (526 280 – 286) ist zusätzlich noch ein Mittelwagen mit einem Drehgestell vorhanden. Im Zuge der Fusion mit der BLS gingen auch diese dreizehn Fahrzeuge in den Bestand der BLS über, behielten aber ihren roten Anstrich und ihre ehemaligen RM-Nummern. Dennoch waren die zuverlässigen Züge in gewisser Weise immer ein Fremdkörper im Fahrzeugpark der BLS, weshalb diese die Züge abgeben wollte. Zuvor kamen sie hauptsächlich auf den Regionallinien um Solothurn, Moutier, Biel und La Chaux-de-Fonds zum Einsatz, oft als Flügelzüge ab Biel/Bienne. Bereits 2009 und 2010 wurden bei der BLS den zweiteiligen RABe 526 260 – 265 ein zusätzlicher Wagen eingebaut, womit nun die Fahrzeuge eine einheitliche Serie darstellen. Im Konzept der »Flottenbereinigung« suchte die BLS einen Abnehmer für die Fahrzeuge, die SBB-Tochter »Thurbo«, welche schon eine größere Anzahl sehr ähnlicher Fahrzeuge besitzt, übernahm 2013 alle GTW und rückvermietete sie an die SBB, welche die Fahrzeuge revidierten und ihnen einen weißen Anstrich verpassten. Die Revisionen wurden im IW Bellinzona gemacht. Alle dreizehn GTW sind unterdessen revidiert und stehen meistens in der Ostschweiz im Einsatz. Damit konnte die älteste GTW-Fahrzeugserie der Thurbo (526 680 – 689) aus dem Verkehr genommen werden. Ihre ursprünglichen RM-Nummern tragen sie noch heute! Ein GTW dieser Serie bietet 15 Sitzplätze in der ersten und 148 (88 vor Verlängerung) in der zweiten Klasse. Diese Gelenktriebwagen können nicht mit den übrigen GTW der Thurbo (701 – 708 sowie 719 – 802) in Vielfachsteuerung verkehren.

Erbauer:	**Stadler Fahrzeuge**
Baujahr:	**2003 - 2004**
Betriebsnummern:	**526 260 -265, 526 280 - 286**
Vmax:	**140 km/h**
Gewicht:	**84,2 t (65 t vor Verlängerung)**
Leistung:	**800 kW**
Anstrich:	**rot, weiß**
Länge über Puffer:	**53'540 mm (38'490 mm vor Verlängerung)**

RAe 4/8

1939 entstand als Gemeinschaftsprodukt der Hersteller SLM, SWS, BBC, MFO und SAAS dieser Doppeltriebwagen. Anlass der Anschaffung dieses Fahrzeuges war die in den dreißiger Jahren immer beliebter werdenden Gesellschaftsfahrten. Vom Design her erinnert der Doppeltriebwagen an die »Roten Pfeile«, welche ab 1935 gebaut wurden. Die beiden Wagenhälften, welche je über einen Einstieg verfügen, sind durch ein Gelenk kurz gekuppelt. Beinahe die komplette, elektrische Ausrüstung ist in den markanten Vorbauten untergebracht. Das Fahrzeug besitzt lediglich versenkbare Zughaken, hingegen Kupplungen sind nicht vorhanden. 1939 wurde der RAe 4/8 1021 an der Landesausstellung präsentiert, 1946 durfte der Doppeltriebwagen Sir Winston Churchill zu seinen Fahrgästen zählen, worauf er den Übernamen »Churchill-Pfeil« erhielt, welchen er bis heute noch trägt. 1984 wurde der RAe 4/8 dann allerdings ausrangiert, durch eine Privatperson gerettet und vorerst in Freiburg im Breisgau (D) abgestellt. Private Geldgeber finanzierten seine Wiederinbetriebnahme, welche die SOB in Samstagern durchführte und danach stand er unter der Flagge des »Reisebüro Mittelthurgau« für Extrafahrten im Einsatz. Mit dem Konkurs der Mittelthurgaubahn ging der »Churchill-Pfeil« wieder in den Besitz der SBB über und wird auch heute noch regelmäßig für Extrafahrten, hauptsächlich aber auch für Charter- und Gourmetfahrten eingesetzt. Der RAe 4/8 1021 bietet insgesamt 112 Sitzplätze in der ersten Klasse und ist normalerweise in Zürich stationiert. Das Fahrzeug war allerdings nie im Besitz der SBB Historic und wird von der SBB selber vermarktet und eingesetzt. Er trug bei der Ablieferung die Betriebsnummer 301, bis 1948 die Nummer 651 und seit 1959 trägt er seine heutige Nummer 1021.

Erbauer:	**SLM, SWS, BBC, MFO, SAAS**
Baujahr:	**1939**
Betriebsnummern:	**1021**
Vmax:	**150 km/h (heute 125 km/h)**
Gewicht:	**93 t**
Leistung:	**839 kW**
Anstrich:	**rot**
Länge über Puffer:	**46’200 mm**

RBDe 560

1974 kamen mit den RABDe 8/16 2001 – 2004 »Chiquita« vier neue, damals ziemlich modern aussehende, vierteilige Züge in Betrieb. Die gelb-violettfarben gestrichenen Züge mochten leider nicht zu überzeugen, waren störungsanfällig, wurden 1997 aus dem Betrieb genommen und danach abgebrochen. Bereits 1984 kamen vier moderne, durch die SWA und BBC erbaute vierachsige Triebwagen mit nur einem Führerstand in Betrieb. Bei den RBDe 4/4 2100 – 2103 handelt es sich um Prototypen, welche mit verschiedenen Farbvarianten im Einsatz standen, was ihnen den Übernamen »Kolibri« einbrachte. Die auch als NPZ (neuer Pendelzug) bezeichneten Fahrzeuge wurden scherzhaft vom Personal und Eisenbahnfans ebenfalls NPZ genannt, in Anspielung auf »nichts passt zusammen«. Dennoch mochten diese vier Triebwagen mit passenden Zwischen- und Steuerwagen zu überzeugen und so wurde ab 1987 mit der Serienlieferung begonnen. Die Flotte der NPZ wuchs auf stolze 125 Triebwagen an. Die Lieferzeit erstreckte sich von 1987 bis 1996. Am Bau waren u.a. auch noch die Unternehmen ABB, SWG und Adtranz beteiligt. Mit diesen modernen und zuverlässigen Fahrzeugen konnte auf älteres Rollmaterial im Regional- und Pendelverkehr verzichtet werden. Sämtliche NPZ (außer die letzten beiden Triebwagen) trugen Namen und Wappen von Schweizer Ortschaften oder grenznahen Orten im Ausland mit Bezug zur Schweizer Eisenbahn. 1996 wurden die RBDe 4/4 2100 – 2183 zu RBDe 560 000 – 083 umnummeriert, die RBDe 560 100 – 141 kam schon mit dieser Bezeichnung in Betrieb. Zugeteilt waren die Fahrzeuge den Depots Winterthur, Biel, Olten, Lausanne und Luzern. Bei den 1989 gelieferten NPZ 2184 und 2185 handelte es sich um zwei Fahrzeuge welche an die Chemin de fer Pont – Brassus (PBr, heute Travys SA) gingen, wo sie auch heute noch in modernisierter Form zwischen Vallorbe und Le Brassus pendeln. Im Nachhinein wurden dann die vier Prototypen den Serienfahrzeugen angepasst. Nach gut 20 Jahren Einsatzzeit durchliefen die ab Züge ab 2009 ein umfassendes Modernisierungsprogramm. Während die Trieb- und Steuerwagen modernisiert wurden, gingen die meisten Zwischenwagen ins Alteisen und wurden durch neue Fahrzeuge, mit Niederflureinstieg und behindertengerechter Toilette, ersetzt. Die blau-weiß gestrichenen Triebwagen mit ihren gelben Türen tragen heute

SBB CFF FFS
www.sbb.ch

GLARNERSPRINTER
www.sbb.ch
GLARNER SPRINTER
SBB CFF FFS
F FFS
2

alle ein schwarz-weißes Design mit roten Türen. In den Steuerwagen befindet sich jeweils das 1.-Klasse-Abteil. Nennenswert sei der Einbau einer Klimaanlage, einem Kundeninformationssystem und einer Videoüberwachung. Weiter wurden die Sitze und Bodenbeläge ersetzt. Das ganze Modernisierungsprogramm endete 2013. Neben den 97 Triebwagen, welche dieses Programm durchliefen, wurden dreizehn Triebwagen samt Wagenmaterial für die SBB-Tochter RegionAlps modernisiert. Dieses tragen die Betriebsnummern 560 401 – 413, wobei dann mit den 560 274, 276 und 294 noch drei weitere Fahrzeuge zu den RegionAlps 560 414 – 416 wurden. Sie tragen einen gefälligen, rot-weißfarbenen Anstrich und kommen hauptsächlich auf der Linie Brig – St-Maurice – St-Gingolph im Regionalverkehr zum Einsatz. Bereits 1997 wurden zwölf NPZ-Triebwagen umgebaut: sechs Fahrzeuge wurden zu 561 000 – 005 für die Bahnlinie von Basel nach Zell (Wiesental, D) und an die dortigen Verhältnisse angepasst. Sechs andere NPZ wurden zu RBDe 562 000 – 005 und waren als Zweisystemtriebwagen (CH / F) in der Region Basel und auf der SNCF-Linie bis nach Mulhouse-Ville oder als TGV-Zubringer Neuchâtel – Frasne im Einsatz. Während aus den RBDe 561 000 – 005 sechs weitere RBDe 560.2 wurden, gingen die RBDe 562 000 – 005 allesamt ins Alteisen. Die vier Prototypen konnten 2008 weiterverkauft werden: je ein Zug ging an die Privatbahnen Chemin de fer du Jura (CJ) und an die Oensingen-Balsthal-Bahn (OeBB), die anderen beiden fanden bei der Montafonerbahn in Österreich eine neue Heimat. Jene beiden auf der CJ und der OeBB sind unterdessen ausrangiert und abgebrochen worden, die anderen beiden in Österreich stehen zum Verkauf.

Alle Triebwagen verfügen über 56 Sitzplätze in der zweiten Klasse, über ein Gepäckabteil hinter dem Führerstand und besitzen in der Fahrzeugmitte beidseitig eine Einstiegstüre. Als Besonderheit sei noch erwähnt, dass die beiden 560 201 und 202 eine Zeitlang als Glarnersprinter im Einsatz standen und die Expresszüge von Zürich bis nach Linthal führten, der 560 131 erstrahlte eine Weile lang in Gelb und stand zwischen Puidoux-Chexbres und Vevey als »Train des Vignes« im Einsatz. Vor kurzem hat die TPF SA elf Triebwagen (560 235 – 243. 245 und 247) käuflich übernommen, um damit ihre älteren bauähnlichen Züge zu ersetzen. Seit ihrer Modernisierung werden die Züge als »Domino« bezeichnet. Bis auf den durch einen Unfall im Jahr 2013 ausgeschiedenen 560 213 stehen alle Fahrzeuge noch im Einsatz: 560 201 – 234, 244, 246 und 248 – 303 auf diversen SBB-Linien und die 560 401 – 416 im Wallis. Diverse normalspurige Privatbahnen wie die BLS (RM), SOB (BT), Thurbo (MThB), TRN (RVT), Travys (PBr) oder auch TPF (GFM) beschafften sehr ähnliche oder mit den NPZ verwandte Züge, welche teilweise heute noch im Einsatz stehen. Bei der Montafonerbahn standen schon von der Übernahme der beiden Prototypen ähnliche Fahrzeuge im Einsatz.

Erbauer:	**FFA, SWP, SIG, BBC / ABB**
Baujahr:	**1984 - 1996**
Betriebsnummern:	**560 000 - 083 / 100 - 141 (NPZ) / 560 201 - 303 (Domino)**
Vmax:	**140 km/h**
Gewicht:	**70 t**
Leistung:	**1'650 kW**
Anstrich:	**blau-weiß, schwarz-weiß**
Länge über Puffer:	**25'000 mm**
Ausrangierungen:	**562 000 - 005, 560 213**
Verkauf:	**560 000 - 003 (Prototypen), 234 - 243, 245 und 247 (Domino)**

Ta 968, 975 - 976

1971 erbaute die Firma Stadler für das Verschieben von einzelnen Wagen in den Hauptwerkstätten Zürich Altstetten und Bellinzona zwei kleine, zweiachsige Rangierfahrzeuge mit Akkuantrieb. Den als Ta 975 und 976 in Betrieb gestellten Fahrzeuge folgte 1977 noch ein drittes Fahrzeug, welches die Bezeichnung Ta 968 erhielt und der Hauptwerkstätte Yverdon zugeteilt wurde. Die drei Kleinmotorfahrzeuge besitzen einen sehr kurzen Achsstand von lediglich 1,4 Meter und sind mit Magnetpuffern ausgestattet, da sie keine Kupplungen besitzen. Damit ist es möglich, einen einzelnen Wagen oder eine Lokomotive z.B. auf der Schiebebühne in die gewünschte Position zu bringen. Gebremst werden können die drei ausschließlich werksintern eingesetzten Fahrzeuge mit einer elektrischen Bremse oder aber auch mittels einer Federspeicher-Feststellbremse. Die drei gelb gestrichenen Fahrzeuge sind zwar formell bei der SBB ausrangiert worden, versehen aber nach wie vor ihren leichten Rangierdienst. Die Fahrzeuge sind sehr einfach zu bedienen und werden mittels eines Pedals und einem Schalthebel auf der Seite des Akkutraktors bedient. Auf der Seite gibt es für das Personal je zwei Sitzmöglichkeiten. Seit der Inbetriebnahme neuer Rangierroboter (hauptsächlich des Herstellers Zagro) dürften dann diese urig aussehenden Fahrzeuge doch irgendwann aus dem Dienst genommen werden.

Erbauer:	**Stadler**
Baujahr:	**1971, 1977**
Betriebsnummern:	**968, 975 - 976**
Vmax:	**10 km/h**
Gewicht:	**6,5 t**
Leistung:	**4 kW**
Anstrich:	**gelb**
Länge über Puffer:	**2'850 mm**

Ta 251

1987 lieferte Stadler einen kleinen Batterietraktor an die SBB. Der Prototyp erhielt die Bezeichnung Ta 966 und sah äußerlich dem Ta 974 ähnlich. 1990 kamen vier weitere Fahrzeuge hinzu: die Ta 251 002 – 005. Die sehr kurz gebauten, zweiachsigen Fahrzeuge verfügen über Magnetpuffer, welche ihnen den Übernamen »Tintenfische« einbrachten. Hauptzweck der Fahrzeuge ist das Verschieben einzelner Wagen innerhalb des Werkstattareals in die gewünschte Position. Im Gegensatz zum Ta 966 sind die Ta 251 002 – 005 zum späteren Einbau einer Funkfernsteuerung ausgelegt. Der Ta 251 005 wurde schon mit einer solchen ausgeliefert und durfte sich damals das erste, vollständig ferngesteuerte Triebfahrzeug der SBB nennen. Die Nummer Ta 966 war bereits einmal belegt, von einem sehr kleinen Rangierfahrzeug, welches aber 1977 durch den Ta 968 ersetzt wurde. Bei einem Brand in Olten wurden die beiden »Tintenfische« Ta 966 (unterdessen als 251 966 und der 251 003 beschädigt. Der Ta 251 966 befand sich schon zuvor im Bestand der SBB Historic, der Ta 251 003 kam später hinzu. Beide Fahrzeuge sind zurzeit in Olten eingestellt. Die beiden Ta 251 002 und 004 werden gelegentlich in Olten für leichte Manöver eingesetzt, sind aber formell ausrangiert. Der Ta 251 005 konnte vor kurzem vom Verein »Historische Mittelthurgaubahn« übernommen werden.

Erbauer:	**Stadler**
Baujahr:	**1987, 1990**
Betriebsnummern:	**966, 251 002 - 005**
Vmax:	**10 km/h**
Gewicht:	**7 t**
Leistung:	**9 kW**
Anstrich:	**rot**
Länge über Puffer:	**3'318 mm**
Ausrangierungen:	**alle (formell)**
Verkauf / Abgabe:	**251 966, 251 003 und 251 005**

Tem"

1967 erhielten die SBB für den Rangierdienst auf mittelgroßen Stationen 23 dieselelektrische Rangiertraktoren. Die Tem" 276 – 298 entsprachen weitgehend den rein elektrischen Te" 61 – 97, wovon aber bei der SBB kein Fahrzeug mehr vorhanden ist. Diese praktischen und robusten Rangiertraktoren, deren beide Achsen mittels einer Antriebsstange verbunden sind, wurden durch die Firmen Tuchschmid, SLM, MFO und Saurer erbaut. Dank dem Dieselantrieb konnten die Fahrzeuge auch auf nicht elektrifizierten Anschluss- und Abstellgleisen eingesetzt werden. Typische Bahnhöfe, auf welchen Tem"-Traktoren stationiert waren, sind z.B. Wetzikon, Wattwil, Colombier, Meilen, Boudry etc. Einige der rotbraun gestrichenen Traktoren erhielten anlässlich von Revisionen noch einen roten Anstrich. Die Fahrzeugserie stand komplett bis 2005 im Einsatz, ehe mit dem Tem" 283 das erste Fahrzeug seinen Dienst quittierte. Danach ging es relativ schnell und bis 2010 waren alle außer den Tem" 284 und 291 ausrangiert worden. Doch für etliche Fahrzeuge konnten Käufer gefunden werden. Die Tatsache, dass diese zuverlässigen Traktoren elektrisch und im Dieselbetrieb verkehren können, machte sie für Museumsbahnen oder Firmen interessant. Der Tem" 284 diente noch eine Zeitlang im Rangierbahnhof Lausanne-Triage als Manöverfahrzeug im Depotgelände und müsste sich heute evtl. in Biel befinden. Der Tem" 291 der Division KOM (Kommunikation) wird in Olten intern für das Manöver eingesetzt. Nach der Aufteilung der SBB in drei Divisionen waren sämtliche 23 Traktoren der Division Cargo zugeteilt. Mit den Tem" 277, 281 und 285 (derzeit Cargodrome Wiler) hat die SBB Historic drei solche Traktoren im Bestand, welche sich auf die Standorte Olten, Rapperswil und Buchs SG verteilen.

Erbauer:	**Tuchschmid, SLM, MFO, Saurer**
Baujahr:	**1967**
Betriebsnummern:	**276 - 298**
Vmax:	**60 km/h**
Gewicht:	**26 t**
Leistung:	**120 kW (elektrisch) / 60 kW (Dieselbetrieb)**
Anstrich:	**rotbraun, rot**
Länge über Puffer:	**6'700 mm**
Ausrangierungen:	**alle außer 284 und 291**
Verkauf / Abgabe:	**276, 277, 278, 279, 281, 285, 287, 288, 292, 295, 296, 298**

Tm“

Während beinahe 20 Jahren lieferte der auf Schienentraktoren spezialisierte Hersteller RACO insgesamt 253 kleine, zweiachsige Rangiertraktoren an die SBB. Die als Tm" bezeichneten Fahrzeuge erhielten die Betriebsnummern 601 – 853 und sind bis heute hinter den Re 4/4" die zweitgrößte Triebfahrzeugserie der SBB, welche jemals beschafft wurde. Da nicht alle Traktoren für denselben Zweck eingesetzt werden sollten, gab es innerhalb der Fahrzeugserie gewisse Abweichungen beziehungsweise Ergänzungen. Die Dieselmotoren stammen vom Hersteller Saurer. Haupteinsatzgebiet der Fahrzeuge war der Baudienst, aus diesem Grunde waren die Tm" auf das gesamte SBB-Netz schweizweit verteilt. Einige Traktoren waren aber auch dem Manöver in den Depot- und Werkstattanlagen zugeteilt. 22 Traktoren waren mit Halterungen für Schneepflüge ausgerüstet. Andere besaßen montierte Leitern für den Fahrleitungsdienst. Von der Konstruktion her sind die Fahrzeuge her sehr einfach gebaut. Beide Achsen sind angetrieben, der komplett gedeckte Aufbau besteht quasi aus zwei Teilen wie dem Motor und andererseits dem Raum für das Personal, welcher bei Bedarf mit Plachen oder einer Türe verschlossen werden konnte. Pro Seite erleichtern vier Griffstangen sowie je ein Trittbrett über die ganze Fahrzeuglänge das Ein- und Aussteigen des Personals. Die ganze Serie stand bis 1972 komplett im Einsatz, ehe mit dem Tm" 747 (Unfall) das erste Fahrzeug ausrangiert wurde. Weitere Traktoren schieden in Folge Unfällen aus, die 709 und der 828 wurden umgespurt und kamen auf der Brünigbahn, der 734 auf der LSE zum Einsatz. Während Revisionen erhielten diverse Tm"-Traktoren einen roten Anstrich, der Rest blieb bis zu seiner Ausrangierung rotbraun. Erst mit der Anschaffung der Tm 234 konnte immer mehr auf die kleinen Tm" verzichtet werden und sie wurden ausrangiert oder fanden bei Firmen und Museumsbahnen ein neues Arbeitsfeld. Bei der SBB sind derzeit noch vier Traktoren im Einsatz: die 635 und 647 wurden durch die Firma Stauffer modernisiert und dienen dem Gleisunterhalt in den Rangierbahnhöfen Limmattal und Muttenz. Der Tm" 722 dient demselben Zweck in Renens VD, obwohl er formell ausrangiert wurde. Der Tm" 674 dient noch als »Kuppelfahrzeug« in Hägendorf. Weiter sind derzeit noch etwas über 40 dieser beliebten Traktoren erhalten. Für andere Schweizer Privatbahnen baute RACO ebenfalls zahlreiche, ähnliche Traktoren, von denen aber heute die meisten verschwunden sind oder bei Museumsbahnen, Firmen oder im Ausland

eine neue Bleibe fanden. Bleibt noch zu erwähnen, dass die Reihenfolge der Nummerierung nicht mit der Reihenfolge der Ablieferung übereinstimmt. Mit den Tm 511 – 534, Tm 535 – 542 und den beiden 543 und 899 gab es drei Vorserien, welche sich aber schon im optischen Bereich von den Tm" unterschieden haben. Bis auf zwei Fahrzeuge existieren keine Tm dieser Vorserien mehr. Scherzhaft wurden sie auch als »Gartenhäuschen« bezeichnet.

Erbauer:	**RACO, Saurer**
Baujahr:	**1950 - 1968**
Betriebsnummern:	**601 - 853**
Vmax:	**45 km/h**
Gewicht:	**10 t**
Leistung:	**70 kW**
Anstrich:	**rotbraun, rot**
Länge über Puffer:	**5'240 mm**
Ausrangierungen:	**alle außer 635 und 647**
Verkauf:	**diverse**

Tm''' / Tm 231

Hauptsächlich für das Manöver in den Depots, Werkstätten und Wagenreparaturanlagen beschaffte die SBB ab 1958 total 24 zweiachsige Rangiertraktoren mit Stangenantrieb. Als erstes Fahrzeug kam 1958 der Tm''' 895 in Betrieb, dessen Nummer erst 1962, als die Serienlieferung Einzug hielt, in 901 geändert wurde. Die restlichen Fahrzeuge wurden als Tm''' 902 – 924 bis 1966 in Betrieb gesetzt. Im Gegensatz zum 901 waren die restlichen Fahrzeuge der Serie mit einer Luftbremse ausgerüstet. Nahezu jedes SBB Depot und jede Hauptwerkstätte verfügte damals über mindestens einen Tm'''. Die einfach aber robust gebauten Fahrzeuge überzeugten und sie waren in der Lage, in der Ebene bis zu 785 t (!) zu verschieben. Der Dieselmotor treibt den Generator an, welcher den auf einer Achse eingebauten Fahrmotor speist. Die zweite Achse wird über die Kuppelstange angetrieben. Die geringe Höchstgeschwindigkeit von 30 km/h ließ bereits damals keine Einsätze auf der Strecke zu. Einige Fahrzeuge erhielten anhand von Revisionen einen roten Anstrich. Die ganze Serie hielt sich bis zum Jahr 2000 im Einsatz, ehe mit dem 901 der erste Traktor abgebrochen wurde. Mit der Inbetriebnahme neuer Fahrzeuge und dem Wegfall einiger Standorte konnte mehr und mehr auf die Traktoren verzichtet werden. Noch bei den SBB wurden dann die 904, 914 und 916 abgebrochen. Die Firma Stauffer konnte gleich acht Traktoren (902, 903, 907, 911, 913, 915, 917 und 922) übernehmen, wobei der 902 als Ersatzteilspender unterdessen abgebrochen wurde. Mindestens eines davon steht als Leihfahrzeug bei Firmen in Betrieb, die anderen sind abgestellt vorhanden. Es ist geplant, einige der Fahrzeuge aufzuarbeiten, während andere als Ersatzteilspender dienen dürften. Fünf Tm''' (906, 908, 909, 919 und 923) ließ die SBB bei der Firma Stauffer modernisieren und u.a. mit einem Partikelfilter ausstatten. Diese fünf modern aussehenden Traktoren sind heute als Tm 231 006, 008, 009, 019 und 023 in Betrieb und fallen u.a. auch durch ihre eckigen Scheinwerfer auf. Während bei der SBB selber noch die Traktoren 905, 910, 918, 920, 921 und 924 (intern als Tm 231 0xx bezeichnet) ihr Gnadenbrot verdienen, gelangte mit dem Tm''' 912 ein Fahrzeug an den Verein DSF, welches so der Nachwelt erhalten bleiben soll. Vor, dazwischen und auch nach der Lieferung der Fahrzeuge an die SBB kamen ebenfalls durch die SLM und die BBC erbaute, sehr ähnliche Traktoren für Firmen (BBC Baden, Dreispitz etc.) in Betrieb, als Besonderheit darf sicher der Tmh 4 bezeichnet werden, welcher als

Werktraktor (mit Zahnrad!) an die MF Rüti ZH geliefert wurde und heute bei der Appenzeller Bahn auf der Linie Rorschach – Heiden als Tmh 2/2 20 als Dienstfahrzeug und fahrdrahtunabhängige Reserve eingesetzt wird. Ein Teil dieser sieben Fahrzeuge ist heute noch betriebsfähig erhalten und dienen als Werktraktoren oder Museumsfahrzeuge.

901	*Abbruch durch SBB*
902	*verkauft an Stauffer, Abbruch*
903	*verkauft an Stauffer*
904	*Abbruch durch SBB*
905	*bei SBB vorhanden*
906	*Tm 231 006, modernisiert*
907	*verkauft an Stauffer*
908	*Tm 231 008, modernisiert*
909	*Tm 231 009, modernisiert*
910	*bei SBB vorhanden*
911	*verkauft an Stauffer*
912	*verkauft an DSF, Koblenz*
913	*verkauft an Stauffer*
914	*Abbruch durch SBB*
915	*verkauft an Stauffer*
916	*Abbruch durch SBB*
917	*verkauft an Stauffer*
918	*bei SBB vorhanden*
919	*Tm 231 019, modernisiert*
920	*bei SBB vorhandent*
921	*bei SBB vorhanden*
922	*verkauft an Stauffer*
923	*Tm 231 023, modernisiert*
924	*bei SBB vorhanden*

Erbauer:	**SLM, BBC**
Baujahr:	**1958 - 1966**
Betriebsnummern:	**901 - 924 / 231 006, 008, 009, 019 und 023**
Vmax:	**30 km/h**
Gewicht:	**28 t**
Leistung:	**145 kW**
Anstrich:	**rotbraun, rot**
Länge über Puffer:	**6'550 mm**
Ausrangierungen:	**901, 904, 914, 916**
Verkauf:	**902, 903, 907, 911, 912, 913, 915, 917 und 922**

Tm 232.0

Von den ursprünglich 90 durch RACO gelieferten Baudiensttraktoren des Typs Tm''' 9501 – 9543 / 9551 – 9597 ließen die SBB zwischen 2003 und 2006 52 Fahrzeuge durch die Firma Winpro und Windhoff modernisieren. Neben der Erhöhung der Höchstgeschwindigkeit konnte auch die Motorenleistung gesteigert werden. Zusätzlich erhielten alle Fahrzeuge einen Partikelfilter auf dem Dach aufgebaut, der Hydraulikkran wurde ersetzt und die »Signum«-Zugsicherung eingebaut. Der als letzter umgebaute Tm 232 052 erhielt den Namen »Kari«, anspielend auf den Vornamen des Projektleiters. Insgesamt erhielten 9 Fahrzeuge (023, 033, 038, 040, 041, 044, 046, 048 und 050) Einrichtungen für das Anbringen von hydraulisch bewegbaren Schneepflügen, drei Traktoren (034, 037 und 039) können mit Schneefräsaggregaten ausgerüstet werden. Die Pflüge sowie die Fräsaggregate wurden durch die Firma Zaugg in Eggiwil hergestellt. Die modernisierten Traktoren machten sich auf dem gesamten SBB-Netz im Baudienst sowie auch für die Schneeräumung nützlich. Nach einem Brandschaden musste im Jahr 2012 mit dem Tm 232 009 das erste Fahrzeug ausrangiert werden. Von des restlichen 51 Traktoren konnten bis jetzt neun Tm 232 (002, 003, 006, 010, 020, 042 und 043) an Firmen verkauft werden, sechs weitere Tm 232 (036, 045, 047, 049, 051 und 052) wurden zu selbstfahrenden Schneeräumungsfahrzeuge (Xrotm 491 110 – 115) umgebaut. Ausrangiert wurden unterdessen auch die Tm 232 015, 022, 034 und 035. Somit stehen derzeit noch 32 solcher Fahrzeuge im Einsatz, sie dürften aber in nächst absehbarer Zeit ebenfalls ausrangiert respektive verkauft werden. Von der Version (Tm''') vor dem Modernisierungsprogramm ist bei der SBB selber kein Fahrzeug mehr vorhanden, der Tm''' 9574 allerdings gehört zur interessanten Sammlung der SBB Historic. 21 Tm''' fanden im Ausland (Italien, Dänemark, Norwegen) eine neue Heimat, die anderen 17 Fahrzeuge sind bei Firmen, Museumsbahnen oder bei Eisenbahndienstleistern im Einsatz.

Erbauer:	**RACO**
Baujahr:	**1976 - 1988**
Betriebsnummern:	**Tm 232 001 - 052**
Vmax:	**80 km/h**
Gewicht:	**25 t**
Leistung:	**260 kW**
Anstrich:	**rot**
Länge über Puffer:	**8'740 mm**
Ausrangierung:	**232 009, 015, 022, 034 und 035**
Verkauf:	**232 002, 003, 005, 006, 010, 014, 020, 042 und 043**

Tm IV / Tm 232.1 / Tm 232.2 / Tm 232.3

SLM und MAN konstruierten für die SBB eine größere Anzahl an zweiachsigen Dieseltraktoren, welche ursprünglich als »Tem« mit elektrischer Leistungsübertragung geplant waren. Zwischen 1970 und 1986 kamen 80 Traktoren des Typs Tm IV in Betrieb. Die erste Nummernserie 8751 – 8796 war hauptsächlich für den Rangierdienst auf Stationen geplant, die zweite Nummernserie 9651 – 9684 für den Baudienst und Arbeitszüge. Bei zwei später hinzugekommenen Tm IV handelt es sich um baugleiche Fahrzeuge der Sulzer Werke Oberwinterthur (Tm IV 8797 / Baujahr 1969) respektive um eines der SLM selbst (Tm IV 9685 / Baujahr 1975). Die zuverlässigen und robusten Traktoren verteilten sich auf das gesamt SBB-Netz schweizweit und prägten jahrzehntelang das Bild typischer rotbrauner Rangiertraktoren. Anlässlich von Revisionen wurden diverse Traktoren rotbraun gestrichen. Nach fast 30 Jahren Einsatzzeit bei der SBB wurde beschlossen, ein Teil der Fahrzeuge ein Modernisierungsprogramm durchlaufen zu lassen. Dabei konnte u.a. mit einem neuen Motor etwas mehr Leistung auf die Schienen gebracht werden, andererseits bekamen sie neue Partikelfilter eingebaut und die Druckluftanlagen wurden grundlegend erneuert. Zudem erhielten diese 45 Traktoren den gefälligen, blauroten »Cargo-Anstrich«. Die restlichen 37 Traktoren blieben vorerst noch rot resp. rotbraun, bevor 15 weitere Fahrzeuge modernisiert wurden. Diese 15 Traktoren wurden der SBB Infrastruktur zugeteilt, in einem hellen rot gestrichen und erhielten die Bezeichnung Tm 232 301 – 315. Die heute noch vorhandenen Traktoren stehen nach wie vor für Cargo oder die Infrastruktur im Einsatz. Eine Sonderrolle nimmt der Tm 232 227 (ex 9677) ein, welcher für die Division Personenverkehr im Nachhinein auch rot lackiert wurde. Der ehemalige Tm IV 2 der Sursee-Triengen-Bahn gab bei der SBB ein relativ kurzes Gastspiel als Tm IV 8701, bevor er dann an Widmer Rail Service weiterverkauft werden konnte. Von den restlichen 22 Traktoren wurden die meistens weiterverkauft, auch bereits modernisierte Traktoren der Cargo (Tm 232.1 und Tm 232.2) sowie der Infrastruktur (Tm 232.3) konnten, teils auch ins Ausland, weiterverkauft werden. Derzeit hat die SBB selber noch sechs Fahrzeuge in der »Urversion« im Bestand. Während zwei im internen Werkverkehr der IW Zürich Altstetten (8785) und IW Olten (9685) eingesetzt werden, sind 8763, 8770 und 8794 abgestellt und dürften gelegentlich abgebrochen werden, nachdem alles Brauchbare noch entnommen

SBB CFF FFS

232 122-2
cargo
Tm 98 85 5 232 122-2
CH-SBBC
SBB CFF FFS Cargo

worden ist. Der 9654 dient als Demonstrationsobjekt im SBB- Ausbildungszentrum Löwenberg bei Murten. Diverse der noch bei Cargo und Infrastruktur im Einsatz stehenden Fahrzeuge dürften auch noch Abnehmer finden, im In- und Ausland. Die hohe Zuverlässigkeit der Fahrzeugserie lässt sich dadurch auch zeigen, dass auch nach über 40 Jahren sämtliche Tm IV noch existierten. Mit dem ehemaligen 9656 ist nun aber das erste Fahrzeug der Serie abgebrochen worden. Für normalspurige Privatbahnen und die Industrie wurden in der gleichen Zeitspanne neun solche Traktoren erbaut. Der Tankinhalt eines Tm IV-Traktors beträgt 850 Liter.

Erbauer:	**SLM, MAN, Voith**
Baujahr:	**1970 - 1978**
Betriebsnummern:	**8751 - 8797, 9651 - 9685 / 232 101...147, 201...233, 301 – 315**
Vmax:	**60 km/h (90 km/h geschleppt)**
Gewicht:	**30 t**
Leistung:	**280 - 310 kW**
Anstrich:	**braun, rotbraun, »Cargo-Anstrich«, rot**
Länge über Puffer:	**7'670 mm**
Ausrangierung:	**8763, 8770, 8794, 9654**
Verkauf:	**diverse**

Tm 234.0 / Tm 234.2

Die RACO-Traktoren der Serie Tm" 601 – 853 stießen öfters an ihre Grenzen, zumal zeigten sie immer mehr »Altersbeschwerden« und waren für ein wirtschaftliches Arbeiten im Bau- und Fahrleitungsdienst nicht mehr zufriedenstellend. Aus diesem Grund beschaffte die SBB bei Stadler-Fahrzeuge 125 Baudiensttraktoren, welche in vier Tranchen 1999 – 2001, 2002 – 2003 und 2007 ausgeliefert wurden. Die ersten 100 Fahrzeuge erhielten die Bezeichnung Tm 234 000 – 012, 050 – 086 und 100 – 149 und sind dem Bahndienst (Infrastruktur) zugeteilt. Die Fahrzeuge bekamen den Übernamen »Ameise« (als fleißiges Arbeitstier), verteilen sich heute auf das gesamte SBB-Netz und besitzen eine Lastgrenze von beachtlichen sieben Tonnen. Sie sind für die Arbeiten am Gleis mit einem Ladekran Typ Palfinger PK9001 ausgestattet. Bei den Tm 234 200 – 224 (25 Fahrzeuge) handelt es sich um beinahe baugleiche Fahrzeuge, welche durch Stadler Winterthur (Lizenzbauten) konstruiert wurden. Diese sind aber im Vergleich zu den Tm 234.0 und Tm 234.1 anstelle eines Krans mit einen Arbeitskorb (max. 350 kg) für Arbeiten an der Fahrleitung ausgestattet. Mit diesen modernen und zuverlässigen Fahrzeugen konnte auf die Tm"-Traktoren weitgehend verzichtet werden, was deren Ausrangierung oder Weiterverkauf in großer Stückzahl erlaubte. Dank der relativ hohen Geschwindigkeit können die »Ameisen« auch gut zwischen zwei Stationen verschoben werde, obwohl sie für längere Distanzen meist in Güterzügen überführt werden. Die Fahrzeuge besitzen einen dieselhydraulischen Antrieb und die geräumige Führerkabine bietet dem Personal optimale Sichtverhältnisse. Die Tm 234.2 besitzen am Fahrzeugende hinter dem Führerstand noch ein Drehlicht. Lediglich die beiden Tm 234 050 und Tm 234 216 mussten nach Fahrzeugbränden ausrangiert werden. Der Tm 234 149 besitzt als »100. Ameise« einige Ameisenmotive aufgemalt. Die BLS besitzt fünf sehr ähnliche Fahrzeuge (Tm 234 380 – 384), welche allerdings noch durch die RM (Regionalverkehr Mittelland) beschafft wurden. Zwei Ameisen wurde für die heute nicht mehr existierende Mittelthurgaubahn (MThB) erbaut (Tm 236 648 – 649). Beide Fahrzeuge fanden nach der Auflösung der MThB bei der TPF als Tm 237 087 (ex 648) sowie bei der SBB als Tm 234 090 (ex 649) eine neue Heimat. Ein Prototyp der Ameise wurde noch durch Adtranz erbaut. Auch dieses Fahrzeug fand im Wallis bei der TMR SA eine neue Heimat und ist mit Bernhardinerhund-Motiven verziert.

Erbauer:	Stadler Fahrzeuge
Baujahr:	1999 - 2003, 2007
Betriebsnummern:	234 000 - 012, 050 - 086, 090, 100 - 149, 234 200 - 224
Vmax:	80 km/h
Gewicht:	30 - 37 t
Leistung:	550 kW
Anstrich:	rot
Länge über Puffer:	11'364 mm
Ausrangierungen:	234 050, 234 216

Tm 234.4

Der deutsche Hersteller Windhoff in Rheine baute ab 2018 für die SBB (Division Infrastruktur) 35 moderne Dieseltraktoren. Die zweiachsigen Fahrzeuge besitzen eine geräumige Führerkabine sowie eine Arbeitsplattform mit montiertem Kran. Der Einstieg befindet sich gleich hinter der Führerkabine. Die großen Fenster bieten dem Personal eine sehr gute Rundumsicht. Mit diesen Fahrzeugen können einerseits die doch schon in die Jahre gekommen Tm 232 001 – 052 abgelöst werden, andererseits erfüllen diese Fahrzeuge die neuesten Vorschriften in Punkto Arbeitssicherheit und Abgasvorschriften. Bei den ersten beiden Fahrzeugen, den Tm 234 401 und 402, handelt es sich um Prototypen. Diese Fahrzeuge standen bei der SBB nur sehr kurz im Einsatz und wurden dann an das Gleisbauunternehmen Scheuchzer in Bussigny verkauft, wo sie als gelb gestrichene Fahrzeuge mit denselben Nummern für Bauzüge genutzt werden. Die drei Tm 234 403 – 405 gingen für Anpassungen an die danach gelieferten Serienfahrzeuge 406 – 435 an den Hersteller zurück. Seit dem Abschluss dieser Arbeiten stehen sie wieder mit den restlichen 30 Fahrzeugen der SBB Infrastruktur für Bauzüge aller Art zur Verfügung. Die auch »DART« (Diesel-Arbeits- und Rangiertraktor) verteilen sich auf das ganze Netz. Die Lastgrenze beträgt 3,2 Tonnen, womit auch eine stattliche Anzahl von kürzeren Schienenstücken transportiert werden kann. Die Tm 234.4 besitzen zwei verschiedene Motoren, wobei der Traktionsmotor eine vielfache Leistung als der kleinere Arbeitsmotor aufweist. Um wie ursprünglich geplant doch über 35 Fahrzeuge des Typs zu verfügen, bestellte die SBB zwei weitere Fahrzeuge nach (Tm 234. 436 und 437).

Erbauer:	**Windhoff, Rheine (D)**
Baujahr:	**2018 - 2022**
Betriebsnummern:	**Tm 234 001 - 037**
Vmax:	**100 km/h**
Gewicht:	**36,9 t**
Leistung:	**520 kW / 130 kW**
Anstrich:	**rot**
Länge über Puffer:	**14'240 mm**
Verkauf:	**234 401 und 402**

Rangiergeräte Windhoff / Zagro / Zephir / Zwiehoff

Die SBB setzen vermehrt für das Manöver in Depots, Unterhaltsanlagen und Werkstätten auf moderne Rangiergeräte. Obwohl die Angebotsvielfalt auf dem Markt relativ groß ist, finden sich bei der SBB auf verschiedene Standorte verteilt Rangiergeräte von drei deutschen Herstellern (Windhoff, Zagro und Zwiehoff) sowie einige Fahrzeuge des italienischen Herstellers Zephir. Mit der Inbetriebnahme dieser kleinen Fahrzeuge konnte auf ältere Fahrzeuge verzichtet werden und andererseits kann damit in den Hallen emissionsfrei und geräuscharm rangiert werden. Der größte Anteil an solchen Fahrzeugen ist dem Hersteller Zagro zuzuordnen. Es finden sich Fahrzeuge der Typenkategorie E-Maxi XL, L, L mit Kabine, S und die sogenannten Maxi-Rangierer. Die meisten Fahrzeuge sind rot, blau oder gelb gestrichen. 2011 hielten die ersten Zagro-Rangierer Einzug. Diese batteriebetriebenen Fahrzeuge sind einfach zu bedienen und können dank der Zweiwegeeinrichtung kurzfristig und ohne großes, zeitaufwendiges Manöver innerhalb der Hallen an den gewünschten Ort gebracht werden. Der Bestand an Fahrzeugen ändert sich relativ rasch, es kommen regelmäßig neue Fahrzeuge hinzu oder die Rangierer werden innerhalb der SBB, was den Standort betrifft, ausgetauscht. Die meisten Rangierer haben eine Leistung von 15 – 20 kW, sind zwischen 1'700 mm und 3'120 mm lang. Ihr Dienstgewicht liegt zwischen 2 und 4 Tonnen. Einzelne Fahrzeuge besitzen gar einen Führerkabine, andere sind eher als einfache Zweckbauten zu bezeichnen. »Zagros« sind in Basel, Bellinzona, Biel, Brig, Hägendorf, Muttenz, Oberwinterthur, Olten, im Rangierbahnhof Limmattal, Yverdon und Zürich (Depot G sowie IW Altstetten) zu finden. Einer der ältesten Zagro – Rangierer befindet sich in Brugg AG und kann von der SBB Historic für das Manövrieren der historischen Lokomotiven genutzt werden. Vom italienischen Hersteller Zephir aus Modena sind derzeit bei der SBB fünf Fahrzeuge im Einsatz (Brig, Luzern, Muttenz und ZH Altstetten), welche 4,8 Tonnen wiegen, mit maximal 6 km/h verkehren können und über eine Leistung von 12 kW verfügen. Die rot oder gelb-blau gestrichenen Fahrzeuge sind 2'050 mm lang und besitzen alle eine Führerkabine. Auch bei diesen Fahrzeugen handelt es sich mit einer Ausnahme um Zweiwegefahrzeuge. Der deutsche Hersteller Zwiehoff aus Rosenheim lieferte schon früher solche Rangiergeräte des Typs Rotrac E2 und E4 an die Schweizer Industrie, ehe die SBB bis zum heutigen Zeitpunkt vier solche Fahrzeuge anschaffte.

Zwei davon befinden sich in Basel bei der Waschanlage, je ein Fahrzeug ist im Depot Biel und im

Depot Luzern zu finden. Diese Fahrzeuge sind grün – silberfarben gestrichen. Ein Einzelgänger aus dem Hause Windhoff befindet sich im Depot G in Zürich. Auch bei vielen Schweizer Privatbahnen, Straßenbahnen und Industriebetrieben mit Gleisanschluss finden sich solche praktischen Fahrzeuge.

Xem 181

Der Betrieb des 57 km langen Gotthard-Basistunnels stellt besondere Anforderungen an die Unterhaltarbeiten. Der Zugang zu verschiedenen Arbeitsstellen im Tunnelsystem ist größtenteils nur von den beiden Portalen her möglich. Aus diesem Grunde beschaffte die SBB dreizehn Zweikraft-Triebfahrzeuge, welche 2016 – 2018 als Gemeinschaftsprodukt von Josef Meyer Rheinfelden, ELH Halle (D) und der ABB entstanden. Talbot, MTU und die Firma Richard aus Murgenthal waren am Bau respektive der Endmontage der Fahrzeuge auch noch beteiligt. Die Xem 181 001 – 013 tragen unter den Führerstandsfenstern Namen mit Bahnhöfen, welche an der Gotthard-Bergstrecke liegen:

Bei dem Xem 181 handelt es sich um vierachsige Triebfahrzeuge mit je zwei Drehgestellen und vier elektrisch angetriebenen, wassergekühlten Fahrmotoren. Die Energieversorgung kann wahlweise über Fahrdraht oder über eine unterflur eingebaute Powerbank erfolgen. Im Rangierbetrieb kann das Fahrzeug über Funkfernsteuerung und Anlage-Funkfernsteuerung (Kran) bedient werden. Mit diesen modernen Dienstfahrzeugen, welche in Erstfeld (normalerweise sieben) respektive in Biasca (normalerweise sechs) stationiert sind, kann mit hohen Sicherheitsstandards und auf effiziente Art und Weise der Gotthardbasistunnel unterhalten werden.

001 Ambri-Piotta
002 Wassen
003 Airolo
004 Amsteg-Silenen
005 Gurtnellen
006 Göschenen
007 Rodi-Fiesso
008 Faido
009 Lavorgo
010 Bodio
011 Erstfeld
012 Giornico
013 Biasca

Erbauer:	**JM Rheinfelden, ELH (D), ABB, Richard, MTU, Talbot**
Baujahr:	**2016 - 2018**
Betriebsnummern:	**181 001 - 013**
Vmax:	**100 km/h**
Gewicht:	**80 t**
Leistung:	**1'500 kW (elektrisch), 700 kW (Powerbank)**
Anstrich:	**gelb**
Länge über Puffer:	**22'000 mm**

Xrotm 2/3

Die beiden 1967 und 1968 erbauten Schneeschleudern Xrotm 2/3 97 – 98 bestehen eigentlich aus drei Teilen: das Fahrgestell besteht aus zwei äußeren Triebachsen und einer in der Mitte gelegenen Laufachse. Der Aufbau der Schleuder besteht aus einem Führerstand, einem Brennstofftank, der Diesel-Generatorgruppe und dem Schleuderaggregat. Der gesamte Aufbau des Fahrzeuges kann mittels eines Kugeldrehkranzes um 180 Grad gewendet werden, worauf mindestens 6 Meter Platz vorhanden sein muss. Wie oft bei Schneeschleudern stammt die Schleudereinrichtung vom deutschen Hersteller Beilhack. Die beiden Schleuderräder lassen sich einzeln in die gewünschte Position verstellen. Die Schneeschleudern sind selbst fahrend und waren in Erstfeld respektive in Bellinzona stationiert. Mit diesen damals modernen Fahrzeugen konnte dann schlussendlich die Xrotm 100 »Rotary« aus dem Dienst genommen werden. Ohne Schleuderbetrieb oder in Schleppfahrt darf das Fahrzeug mit 65 km/h verkehren. Die maximale Räumbreite (mit ausgefahrenen Wurfblechen) beträgt 3,6 Meter, die größtmögliche Räumhöhe 3,5 Meter. Somit lassen sich pro Stunde 5'660 Tonnen Schneemassen räumen. Nach beinahe 50 Jahren Einsatzzeit wurde die Xrotm 2/3 98 ausrangiert. Sie steht aber schon seit Jahren im Industriewerk Biel abgestellt, ein Abbruch ist bis heute noch nicht erfolgt. Die Xrotm 2/3 97 ist nach wie vor vorhanden und meistens auf der Gotthard-Südrampe stationiert. In den Sommermonaten war sie auch schon in Lavorgo, ansonsten in Biasca oder Bellinzona abgestellt.

Erbauer:	**SLM, SAAS und Beilhack**
Baujahr:	**1967 - 1968**
Betriebsnummern:	**97 - 98**
Vmax:	**65 km/h / 6 - 18 km/h (Schleuderbetrieb)**
Gewicht:	**56 t**
Leistung:	**588 kW (Dieselmotor) / 496 kW (Schleudermotor)**
Anstrich:	**rotbraun**
Länge über Puffer:	**10'160 mm**
Ausrangierung:	**98**

Xrotm 4/4

1982 beschloss die SBB, für die Dampfschneeschleuder Xrotd 100 Ersatz zu beschaffen. Es sollten zwei leistungsfähige, dieselelektrische Schleudern in Betrieb kommen. Mit den wuchtig wirkenden, selbst fahrenden Xrotm 4/4 95 und 96 konnte 1982 zwei durch die Firma Beilhack erbaute Schneeschleudern in Betrieb genommen werden, deren Aufbau sich um 180 Grad abdrehen lässt. Während bei anderen Schneeschleudern RACO oder sie SLM den Fahrzeugteil konstruierten, baute Beilhack die beiden Fahrzeuge gleich selber. Das Dienstfahrzeug verfügt über vier angetrieben Achsen, einen Aufbau samt Führerhaus und ein in jede beliebige Position verstellbares Schleuderaggregat. Lange waren beide große Schneeschleudern in Erstfeld stationiert, mittlerweilen ist die Xrotm 4/4 95 in Biasca zuhause. Es braucht vergleichsweise viel Schnee, dass auf die beiden Maschinen zurückgegriffen werden muss. Dennoch war und ist man in schneereichen Wintern oder bei Lawinenniedergängen immer wieder mal froh um die Fahrzeuge. Während Revisionen im IW Biel gemacht werden, können kleinere Unterhaltarbeiten auch in Biasca erledigt werden. Der maximalen Räumhöhe von 3'500 mm steht eine maximale Räumbreite von 4'816 mm gegenüber. Obwohl eine Xrotm 4/4 größer und länger ist als eine Xrotm 2/3 wiegt sie zwei Tonnen weniger.

Erbauer:	**Beilhack**
Baujahr:	**1982**
Betriebsnummern:	**95 - 96**
Vmax:	**65 km/h / 5 - 15 km/h (Schleuderbetrieb)**
Gewicht:	**54 t**
Leistung:	**736 kW (Schleudermotor) / 330 kW (Dieselmotor)**
Anstrich:	**braun**
Länge über Puffer:	**13'090 mm**

Xrotm 491

Da die älteren RACO-Schleudern der Serie XTm 102 - 109 doch schon seit gut 50 Jahren im Einsatz stehen, mussten die Fahrzeuge langsam, aber sicher ersetzt werden. Um nicht fabrikneue Fahrzeuge beschaffen zu müssen, kam die Idee auf, aus überzähligen Baudiensttraktoren der Serie Tm 232 001 - 052 selbst fahrende Schneefräsen zu bauen. Im Industriewerk Biel wurden sechs Tm 232.0 im Zeitraum von 2019 - 2020 in Eigenregie zu modernen Schneefräsen umgebaut:

Tm 232 051	*(ex Tm''' 9506, Baujahr 1982)*	*Xrotm 491 110*
Tm 232 047	*(ex Tm''' 9566, Baujahr 1976)*	*Xrotm 491 111*
Tm 232 049	*(ex Tm''' 9557, Baujahr 1978)*	*Xrotm 491 112*
Tm 232 045	*(ex Tm''' 9563, Baujahr 1978)*	*Xrotm 491 113*
Tm 232 036	*(ex Tm''' 9504, Baujahr 1983)*	*Xrotm 491 114*
Tm 232 052	*(ex Tm''' 9554, Baujahr 1976)*	*Xrotm 491 115*

Die hydrostatisch angetriebene Schneefräse wurde von der für Fräsaggregate spezialisierte Firma Zaugg hergestellt. Trotz des großen Umbaus der Fahrzeuge haben sie im Prinzip ihre ursprüngliche Form als Tm''' resp. Tm 232.0 mehr oder weniger beibehalten respektive sind als solche noch gut erkennbar. Das Fräsaggregat ist Seite Führerstand angebaut. Dort wo sich die Kippbrücke mit Ladekran befand, wurde ein Kleincontainer montiert, in welchem sich der Antrieb für die Schneeräumungseinrichtung befindet. Im Herbst 2021 wurden nochmals alle sechs Fahrzeuge nach Biel zurückgebracht, um kleinere Reparaturen oder Nachbesserungen vornehmen zu können. Die sechs Fahrzeuge verteilen sich auf die folgenden Standorte: La Chaux-de-Fonds, Airolo respektive Lavorgo, Glarus, Travers, Brig und Erstfeld. Auf allen sechs Bahnhöfen gibt es Remisen für das Unterstellen der Fahrzeuge, dennoch ergibt sich gelegentlich die Möglichkeit, die Fahrzeuge im Freien zu sehen. Auf allen sechs Bahnhöfen waren bereits ältere Schleudern der Serie XTm 102 - 109 stationiert. Somit erlebten die zwischen 1976 und 1983 erbauten Baudiensttraktoren einen dritten »Frühling«. Wie viele andere selbst fahrende Schneeschleudern auch können diese Fahrzeuge dank einer Hub- und Abdrehvorrichtung um 180 Grad gewendet werden.

Erbauer:	**RACO, Winpro, IW Biel, Zaugg**
Baujahr:	**1976 - 1983 / 2019 - 2020**
Betriebsnummern:	**491 110 - 115**
Vmax:	**80 km/h (100 km/h geschleppt)**
Gewicht:	**31 t**
Leistung:	**260 kW**
Anstrich:	**rot**
Länge über Puffer:	**10'060 mm**

XTm

1969 erhielten die SBB einen Prototyp einer neuen, selbst fahrenden Schneeschleuder. Das durch RACO und Beilhack erbaute Fahrzeug besitzt zwei angetrieben Achsen und verfügt über einzeln verstellbare Schleuderaggregate am Ende der Führerstandseite. Ab 1971 kamen noch acht baugleiche Fahrzeuge hinzu. Die als XTm 102 – 109 in Betrieb gesetzten Fahrzeuge verteilten sich auf Bahnhöfe wie Airolo, Göschenen, Brig, Entlebuch, Vallorbe, Ziegelbrücke etc. Der ausreichend in La Chaux-de-Fonds getestete Prototyp XTm 101 wurde bereits 1971 für die Brünglinie auf Schmalspur umgebaut. Noch heute ist er dort als hellgelb gestrichenes Fahrzeug XTm 691 101 – 1 vorhanden und in Meiringen, im Sommer auch in Brünig-Hasliberg stationiert. Der Aufbau der Fahrzeuge ist um 180 Grad drehbar. Die totale Schneeräumleistung beträgt ca. 650 t / Std. Im Schleuderbetrieb können die Fahrzeuge mit max. 10 km/h, im reinen Fahrbetrieb mit max. 25 km/h und geschleppt bis zu 70 km/h verkehren. 2014 schied mit dem XTm 107 das erste Fahrzeug aus dem Dienst. Auch die 103 und die 105 wurden unterdessen ausrangiert, sind aber noch abgestellt vorhanden. Mit der Inbetriebnahme der sechs neuen Xrotm 491 konnte doch auf einen Teil der Fahrzeuge verzichtet werden. Nach wie vor vorhanden sind die XTm 102, 104, 106, 108 und 109, welche sich derzeit auf Standorte wie Airolo, Erstfeld, Glarus, St-Maurice, Travers etc. verteilen und auf die in schneereichen Wintern immer wieder gerne zurückgegriffen wird.

Erbauer:	**RACO, Beilhack**
Baujahr:	**1969, 1971 - 1972**
Betriebsnummern:	**101 - 109**
Vmax:	**45 km/h (70 km/h geschleppt)**
Gewicht:	**17 t**
Leistung:	**145 kW**
Anstrich:	**rotbraun**
Länge:	**7'500 mm**
Ausrangierungen:	**103, 105, 107**
Verkauf / Abgabe:	**101**

XTa

1922 kam für die Hauptwerkstätte Bellinzona dieses höchstwahrscheinlich durch die Firma Brown Boveri & Co. erbaute Kleinmotorfahrzeug in Betrieb. Es wird als XTa 96551 bezeichnet, ist aber nur mit 9655 angeschrieben. Das urig aussehende Fahrzeug ist ein selbst fahrender Plattformwagen mit Batterieantrieb. 1963 wurde es umbezeichnet, bis dahin trug es die Nummer 4263/62, evtl. zu einem späteren Zeitpunkt auch noch die Nummer 4790/40. Das Fahrzeug besitzt lediglich eine Fußbremse (!) und dient innerhalb des Werkstattareals in Bellinzona dem Verschieben einzelner Lokomotiven. Mit exakt 100 Jahren (!) ist es das älteste, regulär genutzte Triebfahrzeug der SBB überhaupt.

Erbauer:	**BBC, Baden**
Baujahr:	**1922**
Betriebsnummern:	**96551**
Vmax:	**7 km/h**
Gewicht:	**6 t**
Leistung:	**6 kW**
Anstrich:	**grau**
Länge über Puffer:	**4'900 mm**

Rund 330 Mitarbeitende der Bahn sorgen während 24 Stunden am Tag für die Sicherheit auf dem Bahnnetz der SBB. Die Abteilung SBB Intervention ist auf die 16 Standorte Basel, Biasca, Biel, Brig, Brugg AG, Erstfeld, Genève, Melide, Olten, Ostermundigen, Rapperswil, Renens VD, Rotkreuz, St. Gallen, Winterthur und Zürich verteilt. Jedem Standort ist ein selbst fahrender Lösch- und Rettungszug (LRZ) zugeteilt. Die älteren LRZ, welche von einer Lok (z.B. Bm 6/6, Bm 4/4, Am 843) gezogen werden mussten, kamen 2019 aus dem Dienst.

VTmas 174 / 177 (Lösch- und Rettungszug 04, 08, 14 und 18)

Derzeit befinden sich acht LRZ08, zwei LRZ14 sowie sechs neue LRZ18 in Betrieb, ein LRZ04 ist noch als Reservezug vorhanden. Die Züge bestehen aus drei Teilen: Tanklöschwagen, Gerätefahrzeug und Rettungsfahrzeug. Zwei LRZ 18 bestehen allerdings aus vier Fahrzeugen (inkl. zwei Rettungsfahrzeugen). Die Tanklöschwagen befinden sich immer in der Mitte des Zuges und entstanden als Gemeinschaftsprodukt von Windhoff, Josef Meyer Rheinfelden, Dräger Safety und Vogt AG. Im Maschinenraum befinden sich eine Druckpumpe, eine Schaummittelpumpe sowie eine Hochdruckpumpe. Der Tank hat ein Fassungsvermögen von 45'000 Liter Wasser sowie 1'500 Liter Schaumextrakt. Daneben gehören u.a. ein Wasser- respektive Schaumwerfer auf dem Kabinendach, 1'000 Meter Schlauchmaterial, Handfeuerlöscher, feste LED-Scheinwerfer sowie eine Prüf- und Erdungsgarnitur zur Ausstattung des Tanklöschwagens. Das Gerätefahrzeug wurde von denselben Herstellern erbaut, besitzt zusätzlich noch einen Hebekran von Palfinger. Zur Ausstattung dieses Fahrzeuges gehören u.a. Ölwehrmaterial, Feuerlöscher, diverse Werkzeuge, Wärmebildkameras, explosionsgeschützte Handlampen, Absperrmaterial, Leitern, Rettungskettensäge etc. Auch dieses Fahrzeug ist mit Feuerlöschgeräten ausgestattet. Das Rettungsfahrzeug (Windhoff, Dräger) bietet Platz für 60 Personen oder 40 Personen plus 6 Liegen. Zur Grundausstattung gehören u.a. Atemschutzgeräte, Material für lebensrettende Sofortmaßnahmen, Sanitätsmaterial, Fluchthauben, Brandschutzausrüstung, Absturzsicherungsmaterial etc. Somit besitzt die Abteilung Intervention moderne Hilfsfahrzeuge, welche in kurzer Zeit an die betroffenen Stellen gefahren werden können. Zusätzlich zu den 16 LRZ gibt es noch sechs Hilfswagen mit Beleuchtungsmaterial, Seilzugapparaten, Hilfskupplungen, Hilfsdrehgestellen etc., weshalb einige Züge vierteilig sind. Die Züge werden für jegliche Arten von Störungen (Unfällen, Brände, Entgleisungen, Fahrleitungsstörungen, Abschleppungen von defektem Rollmaterial etc.) herangezogen. Jährlich finden rund 7'000 Einsätze statt. Die Züge sind an den Standorten so stationiert, dass sie ohne große Manöver auf die Strecke zur betroffenen Stelle fahren können. Zusätzlich gehören noch 12 Feuerwehr-Lastwagen sowie rund 50 Einsatzfahrzeuge (Straße) zum Fahrzeugpark der Abteilung Intervention. Die Fahrzeuge werden als VTmas 99 85 9177 001 – 008, 011 – 012 und 013 – 016 aufgeführt. Innerhalb der drei Bauserien gibt es einige Unterschiede.

Erbauer:	**Windhoff, J. Meyer, Dräger, Vogt**
Baujahr:	**2004, 2008, 2014 und 2018**
Betriebsnummern:	**001 - 008 (LRZ08), 011 - 012 (LRZ14) und 013 - 018 (LRZ18)**
Vmax:	**100 km/h**
Gewicht:	**228 t, 248 t und 326 t**
Leistung:	**780 kW**
Anstrich:	**rot-silberfarben**
Länge über Puffer:	**61'160 mm**

XTmass

Beim italienischen Spezialisten für Messzüge, MerMec aus Monopoli, beschaffte die SBB dieses selbstfahrende Diagnosefahrzeug, welches der Typengattung »ROGER 1000« zuzuordnen ist. Dieser Fahrzeugtyp wurde für eine effiziente Installation und nahtlose Integration von unterschiedlichen Diagnosesystemen konstruiert. Das Fahrzeug besteht aus einer Aluminiumlegierung mit aerodynamischer Kopfform, mit zwei voneinander vollständig unabhängigen Antriebsgruppen und Personaleinrichtungen. Die komplette Bezeichnung des Fahrzeugs lautet XTmass 99 85 9160 001 – 5. Es ist einem Team von rund 30 Mitarbeitenden des Abteilung SBB Mess- und Diagnosetechnik (MUD) zugeteilt und normalerweise in Bern (Depot Holligen) stationiert. MUD plant und führt Messfahrten im Bereich Fahrbahn und Fahrstrom durch und gewährleistet mit diesem Messfahrzeug eine kontinuierliche und systematische Ermittlung des Zustands der Infrastrukturanlagen. sowie der Gleisgeometriemessung mit Spurweite, Richtung, Überhöhung, Verwindung und Längshöhe. Sein Hauptaufgabengebiet sind u.a. die Schienenprofilmessung, Messung der Fahrdrahthöhe (Zickzack und Neigung) sowie eine ETCS-Diagnose. Die Standard-Innenausstattung umfasst einen Mess- und Steuerpultbereich, zwei Führerhäuser, einen Versammlungsraum, Toilette, Küche und Werkstatt. Meistens ist es auf den Neubaustrecken GBT, LBT und NBS zu sehen, kann aber auch auf allen anderen Strecken eingesetzt werden.

Erbauer:	**MerMec (I)**
Baujahr:	**2006**
Betriebsnummern:	**160 001**
Vmax:	**160 km/h (200 km/h geschleppt)**
Gewicht:	**64 t**
Leistung:	**772 kW**
Anstrich:	**weiß-rot-schwarz**
Länge über Puffer:	**23'900 mm**

SBB HISTORIC VORWORT

Die Stiftung Historisches Erbe der SBB (Markenname SBB Historic) ist eine privatrechtliche Stiftung, deren Sitz sich in Erstfeld, die Geschäftsstelle hingegen in Windisch (im ehemaligen Zentrallager der SBB unweit vom Bahnhof Brugg AG) befindet. Ziel der Stiftung ist nicht nur der Erhalt historischen Rollmaterials, sondern auch das Sammeln historisch wertvoller Gegenstände, Güter und Akten der schweizerischen Eisenbahngeschichte.

Längere Zeit wurden historische Triebfahrzeuge von lokalen Teams in den betreffenden Depots betreut und auch teilweise regelmäßig von dort aus eingesetzt. Zu dieser Zeit oblag die Pflege der historischen Fahrzeuge den Depots und Hauptwerkstätten vor Ort. Einige Jahre lang wurden diverse der betriebsbereiten historischen Lokomotiven einmal wöchentlich vor leichten Güterzügen von ihrem Depotstandort aus eingesetzt, um Standschäden zu vermeiden. 2001 gründete dann die SBB selber die Stiftung »Historisches Erbe der SBB«. Zum Stiftungsgut gehören eine öffentlich zugängliche Bibliothek, Foto-, Film- und Videoarchive, Sammlungen aller Art (Plakate, Laternen, Musikautomaten, Dokumente etc.) sowie eine große Sammlung an Triebfahrzeugen und Wagen, welche sich auf diverse Standorte wie Olten, Erstfeld, St-Maurice, Brugg AG, Delémont, Winterthur und Rapperswil verteilen. Ebenso sind in Buchs SG und Zürich historische Fahrzeuge (auch auf Leihbasis) stationiert, welche durch andere Vereine und Gruppen betreut werden. Der Standort Vallorbe wurde aufgegeben und die Fahrzeuge nach Olten und andere Standorte überstellt. Auch wenn es nicht möglich ist, von jedem Fahrzeugtyp ein Exemplar der Nachwelt zu erhalten, ist die Fahrzeugvielfalt doch sehr groß. Neben Dampflokomotiven, einem Dampftriebwagen, elektrischen Lokomotiven, Diesellokomotiven, Triebwagen gehören auch diverse, oft nicht so beachtete Rangierfahrzeuge zum Bestand. Traktoren und Rangierlokomotiven verschiedener Baureihen prägten jahrzehntelang das Gesamtbild der Bahnhöfe und waren für die Verteilung von Wagen und Zusammenstellung von Kompositionen unentbehrlich. Die meisten Fahrzeuge werden von lokalen Teams an ihren Standorten betreut und je nach Möglichkeit gelegentlich bewegt. So gibt es z.B. in Erstfeld und Olten die regelmäßigen Fitnessfahrten, bei denen ein großer Teil der betriebsfähigen Triebfahrzeuge im Depotareal zur Freude von Fotographen und Eisenbahnfans bewegt werden. Daneben gibt es jährlich zahlreiche Extra- und Sonderfahrten, Ausstellungen und Anlässe, an denen die SBB Historic präsent ist. Ebenso stellt die Stiftung auch Rollmaterial für private Charterfahrten zur Verfügung.

Ein Teil der nicht betriebsfähigen Fahrzeuge ist im Verkehrshaus der Schweiz ausgestellt respektive in deren Außenlager in der Nähe von Root. Es wurden aber auch schon Fahrzeuge aus dem Verkehrshaus geholt und an anderen Standorten der SBB Historic eingestellt. Bei diesen Fahrzeugen handelt es sich teilweise auch um Einzelgänger, welche aufgrund zu großen Aufwandes oder fehlender Ersatzteile nicht aufgearbeitet werden können. Dennoch sind auch diese Fahrzeuge erhaltenswert und stellen ein wichtiges Stück Schweizer Eisenbahngeschichte dar.

Dank der SBB Historic geraten das historische Erbe der SBB und deren Vorgängerbahnen nicht in Vergessenheit.

www.sbbhistoric.ch

A 3/5 705

Die SLM lieferte zwischen 1907 und 1915 insgesamt 200 Dampflokomotiven (inkl. Prototypen) der Lokomotivgattung A 3/5 an die Vorgängerbahnen der SBB respektive nach deren Gründung an die SBB selber. Vier weitere Lokomotiven wurden durch den deutschen Hersteller Maffei gebaut:

	Baujahre	*Ausrangierung*	*Nummern*	*Erbauer*
SBB	*1907*	*1933*	*501 - 502*	*SLM*
SBB	*1907*	*1937*	*601 - 602*	*SLM*
SBB	*1907 - 1915*	*1934 - 1946*	*603 - 649*	*SLM*
SBB (ex JS)	*1902*	*1928*	*701 - 702*	*SLM*
SBB	*1904 - 1909*	*1926 - 1964*	*703 - 809*	*SLM*
SBB	*1907*	*1923*	*810 - 811*	*SLM*
SBB (ex GB)	*1894 - 1905*	*1923 - 1927*	*901 - 930*	*SLM*
SBB (ex GB)	*1908*	*1925*	*931 - 934*	*Maffei*
SBB (ex GB)	*1908*	*1925*	*935 - 938*	*SLM*

Die A 3/5-Dampflokomotiven waren für die damalige Zeit typische Schnellzuglokomotiven, welche mit einer Höchstgeschwindigkeit von 100 km/h (die ehemaligen Gotthardbahn-Lokomotiven, GB, mit 90 km/h) verkehren konnten. Die Dampflokomotiven waren vom Aufbau her alle ähnlich, jedoch gab es zwischen den Serien doch Unterschiede, im technischen wie auch im optischen Bereich. Das Fahrzeug bestand aus einer Dampflok mit drei Antriebs- sowie zwei Laufachsen plus einen dreiachsigen Tender. Die beiden JS-Maschinen (701 – 702, Prototypen der Großserie 703 – 809) hatten allerdings einen vierachsigen Tender. Aufgrund der relativ frühen Elektrifizierung des Bahnnetzes in der Schweiz war den formschönen Dampfloks leider kein langes Leben gegönnt. Bereits 1923 verschwanden die ersten A 3/5 – Lokomotiven aus dem Dienst. Die letzten heute nicht mehr existierenden Loks verschwanden 1961 von der Bildfläche. Die A 3/5 705 (Fabriknummer 1550) wurde erst 1964 ausrangiert, blieb aber glücklicherweise bis zum heutigen Zeitpunkt erhalten. Sie war danach längere Zeit im Verkehrshaus der Schweiz ausgestellt, kam aber ab 1972 fallweise wieder in Betrieb. Die A 3/5 705 ist im Besitz der SBB Historic, befindet sich aber als Dauerleihgabe bei der Dampfgruppe Zürich und wird derzeit in Brugg AG aufgearbeitet. Zuvor war sie immer wieder für Extra- und Sonderzüge im Einsatz oder an Jubiläen zu Gast.

Erbauer:	**SLM**
Baujahr:	**1904 - 1909**
Betriebsnummern:	**703 - 809**
Vmax:	**100 km/h**
Gewicht:	**106 - 107 t**
Leistung:	**1'360 PS**
Anstrich:	**schwarz**
Länge über Puffer:	**18'600 mm**
Ausrangierungen:	**alle außer 705**

B 3/4 1367

Zwischen 1905 und 1916 konstruierte die SLM insgesamt 69 Dampflokomotiven mit Heißdampf-Zwillingsmaschine für die SBB, welche sie als B 3/4 1301 – 1369 in Betrieb setzten. Daneben gab es insgesamt neun Serien an Dampflokomotiven der SBB und deren Vorgängerbahnen mit der Achsfolge B 3/4:

	Baujahre	*Ausrangierung*	*Nummern*	*Erbauer*
SBB	*1905 - 1916*	*1934 - 1964*	*1301 - 1369*	*SLM*
SBB (ex JS)	*1887*	*1917*	*1421 - 1424*	*SLM*
SBB (ex NOB)	*1886 - 1895*	*1917 - 1932*	*1431 - 1452*	*SLM*
SBB (ex SCB)	*1887 - 1889*	*1917*	*1461 - 1467*	*SCB*
SBB (ex SCB)	*1892 - 1896*	*1925*	*1471 - 1485*	*SLM/SACM*
SBB (ex SCB)	*1900*	*1926 - 1928*	*1486 - 1495*	*SLM*
SBB (ex JS)	*1889 - 1891*	*1912 - 1930*	*1561 - 1578*	*SLM*
SBB (ex VSB)	*1890 - 1901*	*1913 - 1929*	*1581 - 1595*	*SLM*
SBB (ex JS)	*1896 - 1907*	*1923 - 1945*	*1601 - 1747*	*SLM*

Die formschöne Dampflokomotive stellte den Mustertyp einer damaligen Allzweckdampflokomotive dar. Die Schlepptenderlokomotiven besaßen drei angetrieben Achsen, eine Laufachse am vorderen Fahrzeugende sowie einen dreiachsigen Tender. Innerhalb der Serie 1301 – 1369 gab es einige Unterschiede was die Rauchverbrenner, Fahrspeisepumpe oder auch Abdampfinjektoren betrifft. Die komplette Lokomotivserie kam auf Hauptlinien wie z. B. der Gotthardstrecke aber auch auf weniger bedeutenden Nebenlinien zum Einsatz. Bereits 1934, im Zug der Elektrifikation und Inbetriebsetzung neuer Lokomotiven schieden die ersten B 3/4-Dampflokomotiven dieser Serie aus dem aktiven Dienst. Bis 1964 waren dann schließlich alle Lokomotiven ausrangiert. Nur die B 3/4 1367 mit der Fabriknummer 2557 blieb bis in die heutige Zeit erhalten. Unter der Flagge der SBB Historic wird sie von Brugg AG mehrmals jährlich für Extrafahrten vor Nostalgiezügen eingesetzt. Lange Zeit stellte dieser Dampfloktyp einen erfolgreichen Mustertyp für diverse Verhältnisse und Strecken dar. Sie galt auch als wirtschaftliche Lokomotive, was den Unterhalt betrifft. Lediglich ihr etwas harter und stoßender Lauf führte relativ oft zu Lagererneuerungen.

Erbauer:	**SLM**
Baujahr:	**1905 - 1916**
Betriebsnummern:	**1301 - 1369**
Vmax:	**75 km/h**
Gewicht:	**95 t**
Leistung:	**993 PS**
Anstrich:	**schwarz**
Länge über Puffer:	**16'275 mm**
Ausrangierungen:	**alle außer 1367**

C 5/6 2965, 2978

Die SLM lieferte der SBB für die Gotthardstrecke zwischen 1913 und 1917 insgesamt 28 Dampflokomotiven mit Schlepptender. Die als C 5/6 2951 – 2978 stellten eine Weiterentwicklung der C 4/5 dar. Bis zur Elektrifikation der Gotthardstrecke waren diese 28 Lokomotiven die stärksten Lokomotiven der Schweiz. Eine C 5/6 besitzt fünf angetrieben Achsen sowie eine zuvorderst angelegte Laufachse. Die Lokomotiven erhielten den Übernamen »Elefant«. Nachdem der weite Teil des Bahnnetzes elektrifiziert war, kamen die Lokomotiven noch hauptsächlich auf der Linie Bellinzona – Luino zum Einsatz oder machten sich im Rangierdienst oder für Überfuhren nützlich. Ab 1954 setzte dann die Ausrangierungswelle der Lokomotivserie ein, welche 1968 endete. Bis auf vier Maschinen wurden alle C 5/6 abgebrochen. Die 2958 (Fabriknummer 2495, Eurovapor) stand lange Zeit als Denkmal in Olten und dient heute als Ausstellungsstück im Locorama Romanshorn. Die 2965 (Fabriknummer 2518, SBB Historic) kann im Verkehrshaus der Schweiz bewundert werden. Die 2969 (Fabriknummer 2522) diente ebenfalls lange Zeit als Blickfang bei der ehemaligen SLM in Winterthur, ehe sie vom Verein Eurovapor Sulgen aufgearbeitet wurde. Mit Teilen der 2958 konnte die 2969 wieder betriebsfähig hergerichtet werden. Die 2978 mit der Fabriknummer 2612 gehört zum aktiven Fuhrpark der SBB Historic in Brugg AG und wird zu passenden Anlässen eingesetzt. Den 28 Lokomotiven gingen zwei Vorgängerlokomotiven vor, welche als C 5/6 2901 und 2902 lediglich von 1913 bis 1933 im Einsatz standen.

Erbauer:	**SLM**
Baujahr:	**1913 - 1917**
Betriebsnummern:	**2951 - 2978**
Vmax:	**65 km/h**
Gewicht:	**128 t**
Leistung:	**1'630 PS**
Anstrich:	**schwarz**
Länge über Puffer:	**19'195 mm**
Ausrangierungen:	**alle außer 2978**
Verkauf / Abgabe:	**2958, 2969**

CZm 1/2 31

1902 erhielten die SBB (NOB) diesen einzigartigen Dampftriebwagen Cm 1/2 1. Doch bereits 1906 trennte sich die SBB von diesem Fahrzeug und es ging in den Besitz der heute nicht mehr existierenden Uerikon-Bauma-Bahn (UeBB) über. Für diese Nebenstrecke mit ihrem eher geringen Verkehrsaufkommen schien dieser zweiachsige Dampftriebwagen wie geschaffen. Durch den Einbau eines Briefkastens für die Postbeförderung änderte sich die Bezeichnung von Cm 1/2 1 in CZm 1/2 31. Der relativ in allem sparsame Dampftriebwagen stand bei der UeBB so oft wie möglich im Einsatz, bis dann allerdings 1948 die UeBB stillgelegt wurde. Aus diesem Grunde ging der interessante Einzelgänger wieder an die SBB zurück. Bevor er 1974 für eine Ausstellung wieder aus dem Depot geholt wurde, stand der CZm 1/2 31 während 26 Jahren (!) im ehemaligen SNCF - Depot in Vallorbe abgestellt. Erst im Jahr 1980 wurde er dann in Zürich restauriert und wieder betriebsfähig hergerichtet. Seither kommt der Dampftriebwagen, welcher heute im Besitz der SBB Historic ist, regelmäßig für Zubringer- oder Extrafahrten zum Einsatz oder wird an Jubiläen oder Bahnhofsfesten dem Publikum gezeigt. Bei Bedarf wird dem Dampftriebwagen auch ein passender Personenwagen mitgegeben. Das heute sehr historisch wertvolle Fahrzeug erhielt um 2010/11 eine Kesselrevision sowie einen Neuanstrich bei dem der Schriftzug »Uerikon-Bauma-Bahn« entfernt und durch die Abkürzung ÜBB ersetzt wurde. 2016 erlitt der CZm 1/2 bei einer Kollision Schäden, welche die Hauptwerkstätte der RhB in Landquart wieder behob. Seit der Wiederinbetriebnahme im Jahr 2017 trägt er wieder den kompletten Schriftzug wie er sich gegen Ende seiner Dienstzeit auf der UeBB präsentierte. Normalerweise ist der CZm 1/2 31 in Zürich im Depot F stationiert und wird von der Dampfgruppe Zürich betreut. Er bietet 30 Sitzplätze in der 3. Klasse.

Erbauer:	**Maschinenfabrik Esslingen**
Baujahr:	**1901**
Betriebsnummern:	**31**
Vmax:	**45 km/h**
Gewicht:	**23 t**
Leistung:	**101 PS**
Anstrich:	**dunkelgrün**
Länge über Puffer:	**11'000 mm**
Ausrangierung:	**31**
Verkauf / Abgabe:	**31**

D 1/3 1 »Limmat«

Für die damalige Schweizerische Nationalbahn (SNB) konstruierte die Firma Kessler in Karlsruhe zwei kleine Dampflokomotiven mit Schlepptender. Die als D 1/3 bezeichneten Lokomotiven trugen Namen von Flüssen: 1 »Limmat« und 2 »Aare«. Die Dampflokomotiven besaßen kein Führerhaus und waren die beiden ersten an die Schweiz gelieferten Dampflokomotiven überhaupt. Mit der Inbetriebnahme neuer Dampflokomotiven kamen beide in den Bahnhofdienst oder für Materialtransporte zum Einsatz. Lok 2 wurde bereits 1868 ausrangiert. Lok 1 (Fabriknummer 78) erfuhr 1866 noch einen Umbau in eine 2/2-gekuppelte Tenderlokomotive, verschwand dann aber 1882 ebenfalls. 1947, zum 100 Jahre-Jubiläum der ersten Bahnlinie in der Schweiz, konnte in Zusammenarbeit der SLM und der Hauptwerkstatt Zürich die D 1/3 1 »Limmat« rekonstruiert werden und als Nachbau wurde sie immer wieder mal für Festlichkeiten oder Anlässe eingesetzt. Für den Nachbau konnten noch Teile anderer Dampflokomotiven weiterverwendet werden. Zum passenden »Jubiläumszug« stehen noch zwei Originalwagen von 1856 und 1857 zur Verfügung! 1997 stand die Lok ebenfalls wieder rechtzeitig zum 150 Jahre-Jubiläum zur Verfügung. Meistens war die Lokomotive im Verkehrshaus ausgestellt. Heute befindet sie sich in Brugg AG, gehört zum Bestand der SBB Historic und wird gelegentlich für leichte Dampfzüge oder zu Schauzwecken angeheizt und in Betrieb gesetzt. Die SLM-Fabriknummer der Nachbaulokomotive ist 3937.

Erbauer:	**SLM, HW Zürich**
Baujahr:	**1947**
Betriebsnummern:	**1 »Limmat«**
Vmax:	**40 km/h**
Gewicht:	**35 t**
Leistung:	**170 PS**
Anstrich:	**Dampflok braun, Tender grün**
Länge über Puffer:	**11'630 mm**

E 2/2 3 »Zephir«

Die damalige Bödelibahn, die Verbindung zwischen dem Thuner- und dem Brienzersee, konnte 1872 mit zwei kleinen Dampflokomotiven des Typs E 2/2 den Betrieb aufnehmen. 1874 kam noch eine dritte Lok hinzu. Die als E 2/2 1 – 3 in Betrieb genommenen Lokomotiven trugen Namen wie »Bise« 1, »Föhn« 2 und »Zephir« 3. Die durch Krauss in München (D) erbauten Lokomotiven standen bis 1895 (Lok 2) respektive 1916 (Loks 1 und 3) im Einsatz. Während im selben Jahr Lok 1 nach Frankreich verkauft wurde, verblieb der »Zephir« in der Schweiz, erhielt zuvor 1895 noch einen neuen Kessel (SLM). Von 1916 bis 1917 war er im Besitz der Firma »Rollmaterial und Baumaschinen AG Zürich« und gelangte dann als Werklokomotive nach Dornach (Metallwerke), wo er als E 2/2 2 über 50 (!) Jahre im Werkverkehr im Einsatz gestanden hatte. Seinem historischen Wert ist es zu verdanken, dass 1974 gar noch ein dreitägiges Fest zu seinem hundertsten Geburtstag veranstaltet wurde. Der schlechte Zustand seines Kessels ließ aber leider keine weiteren Einsätze zu und der »Zephir« wurde 1975 abgestellt. Danach blieb er einige Zeit in Zweilütschinen und Spiez abgestellt, ehe die unterdessen dem Verkehrshaus gehörende Lok in Huttwil ab 1995 auf das 150 Jahre Jubiläum im Jahr 1997 hin wieder aufgearbeitet wurde. Seit 2010 befindet sich der »Zephir« (Fabriknummer 290), er gehört mittlerweile zu den vier ältesten, in der Schweiz erhaltenen Dampfloks überhaupt, in der Rotonde Delémont, ist dort betriebsfähig eingestellt und wird zu bestimmten Anlässen oder für Pendelfahrten zum Bahnhof eingesetzt. Es sei noch erwähnt, dass 1907 seine Nummer von »3« in »72« geändert wurde, um ins aktuelle Nummernschema der Thunserseebahn (TSB) zu passen.

Erbauer:	**Krauss & Cie, München (D)**
Baujahr:	**1872, 1874**
Betriebsnummern:	**1 - 3**
Vmax:	**25 km/h**
Gewicht:	**15 t**
Leistung:	**90 PS**
Anstrich:	**grün-schwarz**
Länge über Puffer:	**5'850 mm**
Ausrangierungen:	**alle**
Verkauf / Abgabe:	**1 und 3**

E 3/3 8485, 8487 und 8512

Als 1902 die SBB aus den zahlreichen Vorgängerbahnen entstand, konnten auch eine stattliche Anzahl an kleineren Dampflokomotiven des Typs E 3/3 übernommen werden, von denen einige noch vorhanden sind. Zwischen 1902 und 1915 nahm die SBB 83 Dampflokomotiven des Typs E 3/3 in Betrieb, welche die Betriebsnummern 8451 – 8533 erhielten. Diese kleinen und praktischen Dampflokomotiven erhielten den Übernamen »Tigerli« und wurden hauptsächlich für das Rangiermanöver in den Bahnhöfen aber auch für die Bedienung von Anschlussgleisen eingesetzt. Auch kamen sie im Streckendienst vor eher leichten Zügen zum Einsatz. Die große Abbruchwelle von SBB-Dampflokomotiven in den fünfziger Jahren überlebten die meisten E 3/3-Lokomotiven dieser Serie, obwohl mit den E 3/3 8452 und 8457 im Jahr 1946 die ersten Loks der Serie ausgemustert wurden. Auch wenn dann bis 1966 alle »Tigerli« bei den SBB ausrangiert wurden, ist bis heute eine stattliche Anzahl dieser kleinen und wendigen Dampfloks erhalten geblieben. Während einige noch eine Zeitlang als Verschublokomotiven bei Firmen im Einsatz standen, konnten diverse E 3/3 von Museumsbahnen und Privatpersonen übernommen werden. Die E 3/3 8485 (Fabriknummer 1881) wurde durch die Historische Eisenbahngesellschaft (HEG) in Delémont mustergültig aufgearbeitet und ging dann mit anderen Rollmaterial der HEG in den Besitz der SBB Historic über. Sie ist betriebsfähig in der Rotonde Delémont eingestellt. Die 8487 (Fabriknummer 1967) steht schon seit vielen Jahren als Denkmal am Bahnhof Buchs SG. Die 8512 (Fabriknummer 2135) stand lange Zeit im Verkehrshaus der Schweiz in Luzern als Denkmal, danach war sie einige Zeit in St-Maurice im Freien abgestellt, steht aber nun seit Frühjahr 2021 in Brugg AG. Ende 2021 konnte die 8512 wieder unter Dampf gesetzt werden. Die beiden E 3/3 8521 und 8522 waren 1942 und 1943 versuchsweise mit einer Einrichtung für elektrische Dampferzeugung ausgerüstet, was ihnen mit einem Stromabnehmer versehen doch ein sehr ungewöhnliches Aussehen gab.

	SBB-Nummern	Vorgänger-bahn	Baujahr	Aus-rangierung	Erbauer
E 3/3	8384	TTB	1875	1938	SLM
E 3/3	8395 - 8397	VSB	1870	1909 - 1912	Krauss
E 3/3	8398 - 8399	SCB	1876	1903 - 1904	SCB
E 3/3	8401 - 8425	SCB	1896 - 1901	1936 - 1945	SLM
E 3/3	8431 - 8440	JS	1901	1941 - 1947	SLM
E 3/3	8451 - 8533		1902 - 1915	1946 - 1966	SLM
E 3/3	8561	GB	1875	1913	SLM
E 3/3	8551 - 8559	NOB	1894 - 1896	1930 - 1938	SLM
E 3/3	8571 - 8576	JS	1875, 1890	1911 - 1916	SLM
E 3/3	8581 - 8589	SCB	1873 - 1874	1906 - 1917	SLM
E 3/3	8651	KLB	1909	1933	Maffei
E 3/3	8652	KLB	1897	1933	SLM
E 3/3	8661 - 8662	NOB	1876	1935, 1938	Esslingen

Erbauer:	**SLM**
Baujahr:	**1902 - 1915**
Betriebsnummern:	**8451 - 8533**
Vmax:	**45 - 50 km/h**
Gewicht:	**33 - 35 t**
Leistung:	**500 PS**
Anstrich:	**schwarz**
Länge über Puffer:	**8'440 - 8'715 mm**
Ausrangierungen:	**alle**
Verkauf / Abgabe:	**8463, 8474, 8476, 8479, 8481, 8483, 8485, 8487, 8492, 8494, 8500, 8501, 8507, 8511, 8512, 8516, 8518, 8522, 8523, 8527, 8532**

Liste der erhaltenen E 3/3 - Dampflokomotiven

8463	1956 an Officine del Gottardo, Bodio E 3/3 2, 1995 an Club del San Gottardo, Mendrisio / Biasca, betriebsfähig
8474	1961 an Schweizerische Reederei Basel Kleinhüningen, 1978 an Privat, Romansorn, abgestellt
8476	1962 an Chemie Uetikon E 3/3 10, 2001 an DVZO Uster / Bauma, zerlegt (vorgesehen als Ersatzteilspender für 8518)
8479	1963 an Sursee - Triengen - Bahn E 3/3 5, an Dampfbahnverein Suhrentalbahn, abgestellt
8481	1965 an Brauerei Feldschlösschen, Werklokomotive, seit 2017 Denkmal Rheinfelden
8483	1960 an Eisenwerk von Moos E 3/3 7, Emmenbrücke, 1987 an Eurovapor, seit 1999 bei Oensingen - Balsthal - Bahn (OeBB), abgestellt
8485	1963 an Howag Ems E 3/3 3, 1972 an Privat, 1977 an Wutachtal-bahn, 2002 an HEG, an SBB Historic, Delémont, betriebsfähig
8487	seit 1965 Denkmal am Bahnhof Buchs SG, SBB Historic
8492	1961 an Papierfabrik Perlen, E 3/3 6, leihweise bei Verein Dampfgruppe Zürich, betriebsfähig
8494	1961 an Vigier Ciments Péry, E 3/3 2, 1973 an Alusuisse Gampel-Steg E 3/3 36, 1986 an CTVJ E 3/3 8494, betriebsfähig
8500	1960 an Eisenwerk von Moos E 3/3 6, Emmenbrücke, 1987 an Eurovapor, seit 1999 bei Oensingen - Balsthal - Bahn (OeBB), abgestellt
8501	1963 an Howag Ems E 3/3 1, 1985 an Oswald Steam Samtagern, 1993 an Club del San Gottardo, Mendrisio / Biasca, E 3/3 1, später E 3/3 8501, betriebsfähig
8507	1965 an Alusuisse Sierre, E 3/3 30 „Sierre", 1981 an Privatperson, 2018 an Conifer (F), abgestellt
8511	1960 an Service industriels Genève E 3/3 3, 1987 an VVT E 3/3 8511, betriebsfähig
8512	ab 1982 im Verkehrshaus der Schweiz aufegstellt, Remisierung in St-Maurice, seit 2002 SBB Historic, seit 2021 Brugg AG, betriebsfähig
8516	1963 an Mittelthurgaubahn, 1966 an Privatperson, abgestellt Zürich, optisch aufgearbeitet, abgestellt
8518	1965 an Vigier Ciments, Péry, E 3/3 3, 1975 an DVZO, Uster / Bauma, E 3/3 8518, in Aufarbeitung
8522	1964 an Sursee - Triengen - Bahn, 1974 - 1987 an Verein Dampf bahn Bern, 1987 an Dampfbahnverein Suhrentalbahn, E 3/3 8522, betriebsfähig
8523	1963 an Alusuisse Sierre, E 3/3 29 „Chippis", 1984 an CTVJ, in Aufarbeitung
8527	1963 an von Roll Klus E 3/3 2, 1981 an Privat (Kaufdorf), 2001 an Mainstation 1901 Chur (Denkmal)
8532	1972 an Eurovapor Kandertalbahn (D), abgestellt

Eb 2/4 5469 / JS A 35

Dampfloks der Baureihe Eb 2/4 besaßen die Vorgängerbahnen der SBB in sechs verschiedenen Serien:

SBB-Nummer	Hersteller	Baujahr	Ausrangierung
5425 - 5430	(GB 25 - 30) Krauss	1882	1915 - 1927
5434 - 5435	(SCB 18 - 19) Esslingen	1872	1903 - 1904
5441 - 5442	(JS 13 - 14) SLM	1876	1903 - 1904
5451 - 5476	(JS 17 - 42) Esslingen/SLM	1880 - 1892	1911 - 1947
5481 - 5495	(SCB 146 - 160) SACM/SLM	1893 - 1896	1915 -1938
5595 - 5599	(SCB 141 - 145) SLM	1891	1923 - 1924

Für die damalige Jura-Simplonbahn wurden zwischen 1880 und 1892 26 Tenderlokomotiven erbaut, wovon die Nummern 17 – 26 sowie 33 – 42 durch die Maschinenfabrik Esslingen, die Loks 27 – 32 durch die SLM ausgeliefert wurden. Die Verstaatlichung der SBB erlebten zwar noch alle Lokomotiven, sie wurden dann aber im Zeitraum zwischen 1911 und 1947 ausrangiert. Lediglich die Lok 35 (SBB Eb 2/4 5469) überlebte bis in die heutige Zeit. Nach ihrer Ausrangierung kam sie erst 1973 wieder in Betrieb, wurde dann aber nach einigen Extrafahrten wieder abgestellt. Sie war auch im alten SBB Depot Basel eingestellt, bevor sie dann zerlegt wurde. Die Teile der Lok waren in Delémont eingelagert, lange sah es nicht so gut aus für die historisch wertvolle Dampflokomotive. 2001 ging die Lokomotive in den Besitz der SBB Historic über und wurde von der Dampfgruppe Balsthal zwischen 2004 und 2006 mustergültig wieder aufgearbeitet. Sie erhielt wieder ihre ursprüngliche Bezeichnung JS A 35 und ist seither in Balsthal stationiert und wird für Extrafahrten oder spezielle Anlässe eingesetzt. Sie trägt die Fabriknummer 2498. Der Wasservorrat beträgt 5,5 m3, der Kohlevorrat immerhin 2,4 t.

Erbauer:	**Esslingen, SLM**
Baujahr:	**1880 - 1892**
Betriebsnummern:	**5451 - 5476 (JS 17 - 42)**
Vmax:	**75 km/h**
Gewicht:	**48 - 49 t**
Leistung:	**550 PS**
Anstrich:	**schwarz**
Länge über Puffer:	**10'230 mm**
Ausrangierungen:	**alle**
Verkauf / Abgabe:	**5469**

Eb 3/5 5811 und 5819

Ab 1911 kamen 34 durch die SLM gelieferte Tenderlokomotiven für die SBB in Betrieb. Die bis 1916 ausgelieferten Maschinen erhielten die Bezeichnung Eb 3/5 5801 – 5834. Da in dieser Zeit die Vorortszüge immer zahlreicher wurde, wurde die Eb 3/5 mit einer rückwärtigen Laufachse konstruiert, um vor- und rückwärts gleich schnell verkehren zu können, was damals im Pendelbetrieb ein großes Plus war. Da die Lokomotiven aber universell einsetzbar waren, standen sie schweizweit für diverse Dienste zur Verfügung. Mit der zunehmenden Elektrifizierung des Bahnnetzes konnte je länger je mehr auf die Dampflokomotiven verzichtet werden. 1950 wurde die erste Maschine ausrangiert, 1965 verschwanden die letzten Eb 3/5 aus dem aktiven Dienst. Gegen Ende ihrer Karriere standen sie noch auf Nebenlinien im Einsatz oder dienten z.B. im Rangierbahnhof Renens VD als Rangierlokomotiven. Einige Lokomotiven wurden noch an die MThB verkauft, dort aber später abgebrochen. Drei Eb 3/5, auch »Habersack« genannt, haben bis heute überlebt. Die 5810 (Fabriknummer 2211) ging 1964 in den Besitz der heute nicht mehr existierenden Mittelthurgaubahn über. Seit 1974 befindet sie sich im Besitz des Vereins Dampfbahn Bern und steht seit erfolgter Revision 2008 wieder im Einsatz. Normalerweise ist sie in Konolfingen, früher in Burgdorf stationiert. Die Eb 3/5 5811 (Fabriknummer2212) diente eine Zeitlang als Denkmal in Baden, war dann in Zürich und ab 1976 für eine längere Zeit in Glarus eingestellt. Seit 2012 wird die Lok durch die Dampfgruppe Zürich wieder aufgearbeitet. Die Eb 3/5 5819 (Fabriknummer 2220) war von 1965 – 1975 in Vallobe remisiert und steht nach erfolgter Aufarbeitung im selben Jahr der SBB Historic für Extrafahrten zur Verfügung. Die 5811 wie auch die 5819 sind beide in Brugg AG stationiert. Es gab noch zwei weitere Serien an Dampflokomotiven mit der Achsfolge Eb 3/5 bei der SBB:

	Baujahre	*Ausrangierung*	*Nummern*	*Erbauer*
SBB	*1910*	*1959 - 1965*	*5881 - 5889*	*Maffei*
SBB (ex SCB)	*1882 - 1884*	*1904 - 1908*	*5891 - 5895*	*SCB*

Die Eb 3/5 5881 – 5889 standen von 1910 – 1932 bei der damaligen Bodensee-Toggenburg-Bahn (BT) in Betrieb. Zwei Lokomotiven dieser Serie sind bis heute erhalten geblieben: Eb 3/5 6 (Fabriknummer 3126) diente lang als Denkmal in Degersheim und befindet sich durch den Swiss Rail Park in Biasca in Aufarbeitung, die Eb 3/5 9 (Fabriknummer 3129) befindet sich im Besitz des Dampflokclub Herisau und wird von Bauma aus für Extra- oder Sonderfahrten eingesetzt.

Erbauer:	**SLM**
Baujahr:	**1911 - 1916**
Betriebsnummern:	**5801 - 5834**
Vmax:	**75 km/h**
Gewicht:	**75 t**
Leistung:	**992 PS**
Anstrich:	**schwarz**
Länge über Puffer:	**12'740 mm**
Ausrangierungen:	**alle außer 5819**
Verkauf / Abgabe:	**5810, 5811 und 5819**

Ec 2/5 28 »Genf«

Die Schweizerische Centralbahn (SCB) erhielt in drei Tranchen (1854, 1856 und 1858) insgesamt 26 Stütztenderlokomotiven, welche durch die Maschinenfabrik Esslingen erbaut wurden. Die als Ec 2/5 bezeichneten Lokomotiven erhielten die Betriebsnummern 1 – 14 und 27 – 38. Die Verstaatlichung der Vorgängerbahnen der heutigen SBB erlebten damals nur noch fünf betriebsfähige Lokomotiven, die 2, 4, 14, 29 und 32, welche noch als Ec 2/5 6695 – 6699 bezeichnet wurden. 1905 und 1906 verschwanden auch diese fünf Lokomotiven. Alle 38 Lokomotiven trugen Namen von Schweizer Ortschaften. Die Ec 2/5 28 mit dem Namen »Genf« trägt die Fabriknummer 396. Sie wurde zwar 1898 ausrangiert, überlebte aber als Dampferzeuger der SCB-Werkstätte in Olten, bevor sie dann in St-Maurice hinterstellt wurde. Erst 1958 wurde die Lok zu ihrem hundertsten Geburtstag reaktiviert und auf ihrer ursprünglichen Heimatstrecke, der alten Hauenstein-Linie, wieder eingesetzt. 1959 stand sie nochmals in Betrieb und wurde dann ins Verkehrshaus der Schweiz in Luzern überstellt. Dennoch kam die »Genf« z.B. 1970 oder 1990 gelegentlich wieder mal zu Einsätzen, danach wurde es wieder ruhig um die Lok. Die nächsten Einsätze fanden dann ab 2009 wieder statt. Seither durfte sich die älteste Lok der Schweiz immer wieder mal an Anlässen oder Jubiläen zeigen. Nach einer vorübergehenden Stationierung in Brugg AG genießt die der SBB Historic gehörende Lok wieder ihren Lebensabend im VHS Luzern, kann aber bei Bedarf wieder in Betrieb genommen werden. Interessant ist noch die Tatsache, dass die Dampfloks dieser Serie über keinen geschlossenen Führerstand verfügten.

Erbauer:	**MF Esslingen**
Baujahr:	**1854, 1856 und 1858**
Betriebsnummern:	**1 - 14, 27 - 38**
Vmax:	**55 km/h**
Gewicht:	**47 t**
Leistung:	**400 PS**
Anstrich:	**grün**
Länge über Puffer:	**9'540 mm**
Ausrangierungen:	**alle außer 28**

Ed 2x 2/2 196

Die damalige Schweizerische Centralbahn (SCB) beschaffte bei der Firma Maffei in München sechzehn vierachsige Tenderlokomotiven Bauart Mallet. Die als SCB Ed 2x 2/2 181 – 196 ab 1891 in Betrieb gesetzten Lokomotiven sorgten vor allem für eine Erhöhung und Ergänzung des Bestandes an Güterzuglokomotiven. 1902 erhielten sie bei der Übernahme der SCB durch die SBB die Nummern 7681 -7696 und waren dem Depot Olten zugeteilt. Die kurven- und steigungsreiche Hauenstein-Linie war eine ihrer Domäne. Die ganze Serie hielt sich bis 1910 im Dienst, bis 1938 waren dann alle Lokomotiven ausrangiert worden, da schon längst die ersten elektrischen Lokomotiven ihre Aufgaben übernahmen. Lok 196 überlebte zum Glück und war dann gut 20 Jahre lang bis 1958 in Villeneuve eingestellt, ehe sie wieder fit gemacht wurde. Ab 1959 erhielt sie im damals neu eröffneten Verkehrshaus eine neue Bleibe. Dennoch wurde die formschöne Lok immer wieder mal zu speziellen Anlässen eingesetzt, ehe sie 1992 von der Dampfgruppe der Oensingen-Balsthal-Bahn (OeBB) grundlegend revidiert wurde. Seither steht die Lok immer wieder mal zu besonderen Anlässen oder für Extrafahrten zur Verfügung. Die durch die Dampfgruppe Balsthal betreute Lok ist im Besitz der SBB Historic, wird in der Regel von Balsthal aus eingesetzt und trägt die Fabriknummer 1710. Der Kohlenvorrat beträgt 3,3 Tonnen, der Wasservorrat 7,2 Tonnen.

Erbauer:	**Maffei München (D)**
Baujahr:	**1891 - 1893**
Betriebsnummern:	**7681 - 7696 / 181 - 196**
Vmax:	**55 km/h**
Gewicht:	**61 t**
Leistung:	**700 PS**
Anstrich:	**grün-schwarz**
Länge über Puffer:	**10'400 mm**
Ausrangierungen:	**alle**
Verkauf / Abgabe:	**196 (7696)**

Ae 3/5 10217

Während der Zeit der Elektrifikation benötigte die SBB mehr und mehr elektrische Streckenlokomotiven. In Zusammenarbeit zwischen der SLM und der SAAS entstanden 25 Elektrolokomotiven, welche von 1922 – 1925 als Ae 3/5 10201 – 10226 in Betrieb gesetzt wurden. Die Lokomotiven besitzen in der Fahrzeugmitte drei angetrieben Achsen sowie unter den Führerständen je eine Laufachse. Die ursprünglich braun gelieferten Lokomotiven erhielten später ein SBB-grünes Farbkleid und kamen hauptsächlich in der Westschweiz zum Einsatz. Aufgrund ihrer etwas ungünstigen Kurvenlaufeigenschaft wurden sie nicht auf allen Linien eingesetzt. Anlehnend an die Ae 3/6‴ erhielten die kleineren Ae 3/5 den Übernamen »Kleine Sécheron«. Die in den sechziger Jahren große Ausrangierungswelle der älteren Stangenlokomotiven überlebten alle Ae 3/5 noch. Erst ein Unfall ließ 1968 die ersten Ae 3/5 (10215) aus dem Dienst ausscheiden. Zwischen 1963 und 1966 wurden die 10218 – 10226 noch umgebaut, damit sie vor Autozügen am Gotthard und durch den Simplontunnel eingesetzt werden konnten. Mit dem Verschweißen der Führerstandstüren wurde allerdings bereits 1947 begonnen. Dennoch nahmen dann die Dienste in den siebziger Jahren weiter ab und die Lokomotiven kamen in untergeordnete Dienste. Zwischen 1973 und 1983 war dann doch Schluss und bis auf die 10217 wurden alle Loks ausrangiert und abgebrochen. Die 10217 ging glücklicherweise in den Bestand historischer Lokomotiven über. Ein Kurzschluss, welcher die Lok von 1988 bis 1990 lahmlegte, bedeutete zum Glück nicht das zuvor vermutete Ende der Lok. Gelegentlich wurde sie mit leichten Güterzügen in der Region Bern noch eingesetzt, heute ist sie im Depot Olten stationiert und wird für Anlässe oder auch für die regelmäßig stattfindenden Fitnessfahrten aus dem Depot gefahren.

Erbauer:	**SLM, SAAS**
Baujahr:	**1922 - 1925**
Betriebsnummern:	**10201 - 10226**
Vmax:	**90 km/h**
Gewicht:	**81 - 85 t**
Leistung:	**1'350 kW**
Anstrich:	**braun, grün**
Länge über Puffer:	**12'260 - 12'320 mm**
Ausrangierungen:	**alle außer 10217**

Ae 3/6' 10650, 10664 und 10700

Nach der Elektrifizierung der Hauptlinien mussten die SBB neue Lokomotiven für die damals quer durch die Schweiz führenden sogenannten »Städteschnellzüge« in Betrieb nehmen. In zwei Serien erbauten die SLM, die BBC, die MFO und die SAAS insgesamt 114 elektrische Streckenlokomotiven. Die als Ae 3/6' bezeichneten Lokomotiven kamen zwischen 1921 und 1929 als 10601 – 10636 und 10637 – 10714 in Betrieb. Der Hauptunterschied der beiden Lieferserien waren bei der zweiten Serie die höhere Leistung und Maximalgeschwindigkeit. Neuere und stärkere Lokomotiven verdrängten dann Mitte des letzten Jahrhunderts die formschönen Ae 3/6' mehr und mehr in Nebendienste. Zwischen 1973 und 1987 wurden sämtliche Maschinen der ersten Serie ausrangiert, lediglich die 10601 blieb als braun gestrichenes Denkmal in Baden erhalten, befindet sich heute aber in Privatbesitz. Die letzten Lokomotiven der zweiten Serie schieden erst 1994 aus dem Plandienst, nachdem sie noch für Post-, Personen- und leichte Güterzüge im Einsatz standen. Einige Maschinen erreichten eine Dienstzeit von gut 70 Jahren (!), womit die Ae 3/6' zu den erfolgreichsten Lokomotiven überhaupt gezählt werden darf. Neben der bereits erwähnten 10601 sind der Nachwelt die 10650 (Brugg AG, in Aufarbeitung) sowie die 10664 (Rapperswil, grün) und 10700 (St-Maurice, braun) als betriebsfähige Museumslokomotiven der SBB Historic erhalten geblieben. Die nicht betriebsfähigen 10639 und 10693 sind privat erhalten. Bleibt noch zu erwähnen, dass die Ae 3/6' während ihrer Dienstzeit kaum nennenswerte Modernisierungen erhalten haben.

Erbauer:	**SLM, BBC, MFO, SAAS**
Baujahr:	**1921 - 1929**
Betriebsnummern:	**10601 - 10714**
Vmax:	**100 - 110 km/h**
Gewicht:	**93 t**
Leistung:	**1'410 - 1'560 kW**
Anstrich:	**braun, grün**
Länge über Puffer:	**14'760 mm**
Ausrangierungen:	**alle außer 10664 und 10700**
Verkauf / Abgabe:	**10601, 10639, 10650, 10664, 10693 und 10700**

Ae 3/6" 10439

SLM und MFO konstruierten für die SBB zwischen 1923 und 1926 sechzig elektrische Stangenlokomotiven, welche als Ae 3/6" 10401 – 10460 in Betrieb genommen wurden. Sie wurden hauptsächlich für die in dieser Zeit elektrifizierten Flachlandstrecken gebaut, wo sie mit einer Höchstgeschwindigkeit von 100 km/h vor allem im Schnellzugverkehr eingesetzt wurden, aber auch Regionalzüge gehörten zu ihrer Domäne. Im Gegensatz zu den Ae 3/6' und Ae 3/6'''-Lokomotiven besaßen die Ae 3/6" einen Stangenantrieb, welcher die drei Antriebsachsen in Fahrzeugmitte verbanden. An den Fahrzeugenden unter den Führerständen befand sich je eine Laufachse resp. ein kleines Drehgestellt mit zwei Laufachsen. Einige der Lokomotiven waren in schwere Unfälle verwickelt. Sämtliche Lokomotiven waren bei der Inbetriebsetzung braun gestrichen, viele davon erhielten aber anlässlich von Revisionen einen grünen Anstrich. Die Lokomotiven erledigten zuverlässig ihre Dienste, ehe mit der Lok 10415 im Jahr 1965 die erste Maschine ausrangiert wurde. Danach ging es relativ schnell und 1977 endete mit der Ausrangierung der 10453 die Ära der Ae 3/6"-Lokomotiven bei der SBB. Diverse Lokomotiven wurden aber nach ihrer Ausrangierung nicht gleich abgebrochen, sondern fristeten noch einige Jahre lang ihr Dasein als Heizlokomotiven mit gelben Stirnwänden:

10413	*Basel*
10435	*Etzwilen, Hinwil*
10414	*Le Locle, Buchs SG*
10448	*Basel Pbf*
10416	*Koblenz*
10450	*Wil*
10420	*Chiasso*
10452	*Basel Wolf, Luzern*
10424	*Aarau, Thun*
10454	*Göschenen, Linthal*
10428	*Thun, Bellinzona, Basel Gb*
10456	*Basel Pbf*
10429	*Genf, Basel*
10459	*Basel, Sulgen, Stein-Säckingen, Zweisimmen*

Die letzten dieser Ruinen verschwanden dann endgültig 1995 von den Gleisen. Lok 10419 wurde 1973 in ein Dienstfahrzeug für elektronische Messungen, später für in einen »Dienstwagen« für Kurzschlussmessung umgebaut. In dieser Form existierte die Lokomotive noch bis 1989. Zwei Lokomotiven haben bis in die heutige Zeit überlebt. Lok 10439 ist seit 1976 als historische Lokomotive klassiert und wird von Olten aus unter der Flagge von SBB Historic gelegentlich für Extra- und Sonderfahrten, aber auch für die beliebten Fitnessfahrten im Depotareal Olten eingesetzt. Diese Lokomotive besitzt zahlreiche Teile ihrer ausrangierten Schwestern und trägt wieder ihr braunes Farbkleid. Lok 10448 ging nach ihrem »Einsatz« in Basel als Heizlokomotive im Jahr 1995 in den Besitz von Classic Rail über an war an diversen Orten abgestellt. Die derzeit nicht fahrtüchtige Lok befindet sich heute bei Swisstrain SA in Payerne und trägt das grüne Farbkleid sowie die für Heizlokomotiven typische, gelbe Fahrzeugfront.

Erbauer:	**SLM, MFO**
Baujahr:	**1923 - 1926**
Betriebsnummern:	**10401 - 10460**
Vmax:	**100 km/h (bis 1929 90 km/h)**
Gewicht:	**98 t**
Leistung:	**1'500 kW**
Anstrich:	**braun, grün**
Länge über Puffer:	**14'090 mm**
Ausrangierungen:	**alle außer 10439**
Verkauf / Abgabe:	**10439 und 10448**

Ae 3/6''' 10264

Im Zuge der Elektrifizierung der SBB-Linien in der Westschweiz beschaffte die SBB bei der SLM und der SAAS elf elektrische Streckenlokomotiven. Die als Ae 3/6''' 10261 – 10271 bezeichneten Lokomotiven erhielten den Übernamen »Grosse Sécheron«, als Anlehnung ihrer kleineren Geschwister, der Ae 3/5. Die ursprünglich braun gestrichenen Lokomotiven erhielten später den typischen, grünen SBB-Anstrich und kamen im Personen- wie auch im Güterverkehr hauptsächlich in der Westschweiz zum Einsatz. Die bereits ab 1938 erhöhte Höchstgeschwindigkeit von 100 km/h wurde 1939 wieder auf die vorherigen 90 km/h gesenkt. Die Fahrzeugserie erhielt bis zur Ausrangierung der ersten Maschine (10261 im 1968) kaum größere Änderungen oder Umbauten. Mit der Inbetriebnahme von neuen Lokomotiven konnte die auf die Ae 3/6''' verzichtet werden und mit der 10266 wurde im Jahr 1980 die letzte Lokomotive ausrangiert. Die 10264 ist bis heute erhalten geblieben, befand sich jahrelang in der Obhut der »Association 10264« und war im Depot Lausanne stationiert. Die heute wieder braun gestrichene Lokomotive ist unterdessen im Besitz der SBB Historic und betriebsfähig in der Rotonde St-Maurice stationiert.

Erbauer:	**SLM, SAAS**
Baujahr:	**1925 - 1926**
Betriebsnummern:	**10261 - 10271**
Vmax:	**90 km/h**
Gewicht:	**89 t**
Leistung:	**1'320 kW**
Anstrich:	**braun, grün**
Länge über Puffer:	**13'760 mm**
Ausrangierungen:	**alle außer 10264**

Ae 4/7 10905, 10949 und 10976

Als leistungsfähigere und gelungene Weiterentwicklung der Ae 3/6'-Lokomotiven darf die Ae 4/7 bezeichnet werden. 127 Lokomotiven wurden zwischen 1927 und 1934 gebaut. Vom Aufbau sind sie den Ae 3/6' ähnlich, besitzen aber eine Antriebsachse mehr. Erbaut wurden die Lokomotiven mit Einzelachsenantrieb wie folgt:

Ae 4/7	*10901 - 10916*	*SLM, BBC*
Ae 4/7	*10917 - 10931*	*SLM, MFO*
Ae 4/7	*10932 - 10938*	*SLM, BBC*
Ae 4/7	*10939 - 10951*	*SLM, SAAS*
Ae 4/7	*10952 - 10965*	*SLM, BBC*
Ae 4/7	*10966 - 11002*	*SLM, MFO*
Ae 4/7	*11003 - 11008*	*SLM, BBC*
Ae 4/7	*11009 - 11017*	*SLM, SAAS*

Bis Mitte der dreißiger Jahre war ein großer Teil des SBB-Netzes elektrifiziert und die »Viersieben« übernahmen gleich einen wichtigen Teil des Schnellzugverkehrs am Gotthard. Erst mit der Anschaffung der zwölf Ae 4/6 10801 – 10812, von denen leider keine erhalten geblieben ist, kamen die Viersieben etwas weg vom Gotthard, ihre Einsätze dort endeten dann aber erst mit dem Aufkommen der Re 4/4'. Vom Design her wird die Lokomotive zwar als »nüchternen Zweckbau« bezeichnet, gehörte aber in Sachen Qualität und Lebensdauer zu den erfolgreichsten SBB-Streckenlokomotiven überhaupt. Der auch hier wieder verwendete »Buchli-Antrieb« erlaubte eine lückenlose Kraftübertragung am Rad sowie eine Verhinderung der üblichen Schläge der Fahrbahn auf die Triebmotorwelle. Die »Sécheron«-Ae 4/7, wie die 10939 – 10951 und 11009 – 11017 auch genannt wurden, waren mit Vielfachsteuerung ausgerüstet und standen oft in Doppeltraktion vor schweren Güterzügen im Einsatz. Die Maschinen galten als »unverwüstlich« und auch nach der Anschaffung neuen Rollmaterials standen sie im Personen- wie auch im Güterverkehr unermüdlich im Einsatz. Ae 4/7 10906 wurde 1975 als erste Lok ihrer Art in Folge eines Unfalles ausrangiert. Dennoch begann dann der Stern der Viersieben in den

neunziger Jahren doch zu sinken. Immerhin standen bis zum damaligen Zeitpunkt ein großer Teil der Lokomotiven bereits seit über 60 (!) Jahren im Einsatz. Lok 10926 diente noch als »Umbauprototyp« mit lediglich drei Seitenfenstern, es blieb aber bei dieser einen Lok, welche dann aber 1994 ausrangiert wurde. Nachdem sich die letzten Ae 4/7-Lokomotiven noch in untergeordneten Diensten ihr Gnadenbrot verdienten, war dann Ende 1996 endgültig Schluss und viele der beliebten Lokomotiven gingen ins Alteisen. Wie bei den Ae 3/6''-Lokomotiven wurden einige ausrangierte Loks noch als Heizlokomotiven mit gelb lackierter Front weiterverwendet:

10977 Basel / 10980 Biel / 10983 Genève / Lausanne und 10989 Basel Wolf

Dennoch blieben diverse »Viersieben« der Nachwelt erhalten: Der Pool »Classic Rail« übernahm folgende Lokomotiven: 10902, 10908, 10914 (später abgebrochen), 10922 (später abgebrochen), 10943 (später abgebrochen), 10948, 10950, 10951, 10961, 10987, 10997, 10999, 11000, 11001, 11002, 11010, 10015 und 11022. Der Verein Mikado in Brugg AG konnte die 11026 übernehmen, diese schön hergerichtete Museumslokomotive ist betriebsfähig in Brugg AG stationiert. In den Bestand der SBB Historic gingen die 10905, 10949 und 10976 über, wobei 10905 (BBC, Standort Buchs SG) und 10976 (MFO, Standort St-Maurice) betriebsfähig sind. Die 10949 (SAAS) befindet sich als Dauerleihgabe im Bahnpark Augsburg. Die restlichen Ae 4/7 sind größtenteils abgestellt und wechselten in den letzten 20 Jahren mehrmals den Standort. Mit der Ae 4/7 10997 wurden unter privater Initiative Führerstandsfahrten über die Gotthard-Bergstrecke angeboten.

Liste der erhaltenen Ae 4/7 - Lokomotiven

10902	*Swisstrain SA, Payerne*
10905	*SBB Historic Depot Buchs SG (zuvor Rorschach)*
10908	*Privatbesitz, Romanshorn*
10948	*Privatbesitz, Sissach*
10949	*SBB Historic, als Dauerleihgabe im Bahnpark Augsburg*
10950	*Privatbesitz, Payerne*
10951	*Privatbesitz, Payerne*
10961	*Privatbesitz, Uetikon am See*
10976	*SBB Historic Depot Erstfeld (zuvor Lausanne und St-Maurice)*
10987	*Swisstrain SA, Payerne*
10997	*Swisstrain SA, Biasca (?)*
10999	*Swisstrain SA. Luino (I)*
11000	*Swisstrain SA, Le Locle*
11001	*Privatbesitz, Payerne*
11002	*Privatbesitz, Winterthur*
11010	*Privatbesitz, Payerne*
11015	*Privatbesitz, Biasca*
11022	*Privatbesitz, als Dauerleihgabe in Horb (D)*
11026	*Verein Mikado Brugg AG*

Erbauer:	**SLM, BBC, MFO, SAAS**
Baujahr:	**1927 - 1934**
Betriebsnummern:	**10901 - 11027**
Vmax:	**100 km/h**
Gewicht:	**118 - 123 t**
Leistung:	**2'300 kW**
Anstrich:	**grün**
Länge über Puffer:	**16'760 - 17'100 mm**
Ausrangierungen:	**alle außer 10905 und 10976**
Verkauf / Abgabe:	**10902, 10905, 10908, 10914, 10922, 10943, 10948, 10949, 10950, 10951, 10961, 10976, 10987, 10997, 10999, 11000, 11001, 11002, 11010, 11015, 11022, 11026**

Ae 6/6 11401, 11402, 11407, 11411, 11416, 11421, 11425

Der steigende Personen- und Güterverkehr über die Gotthardstrecke in den fünfziger Jahren veranlasste die SBB, neue, leistungsfähige Lokomotiven anzuschaffen. SLM, BBC und MFO lieferten 1952 und 1953 zwei Prototypen von sechsachsigen, elektrischen Lokomotiven an die SBB aus. Die formschönen, als Ae 6/6 11401 und 11402 bezeichneten Lokomotiven erregten bei ihrer Ablieferung große Aufmerksamkeit. Ab 1955 bis 1966 kamen dann weitere 118 Lokomotiven hinzu und als 11403 – 11520 in Betrieb. Die ersten 25 Lokomotiven erhielten anhand von Taufen seitlich montierte Kantonswappen aus Chrom, zudem waren sie auf den Seiten mit Chromleisten verziert, was ihnen ein sehr elegantes Aussehen gab. Jeder Kanton erhielt so »seine« Kantonslok, den Kanton Jura gab es damals noch gar nicht. Ab der Lok 11426 wurden die Maschinen ohne Chromstreifen geliefert, die 25 Lokomotiven 11426 – 11450 wurden auf die 25 Kantonshauptorte getauft und erhielten deren Wappen. Die Lokomotiven ab der Nummer 11451 bekamen Wappen von größeren Ortschaften, welche über einen SBB-Bahnhof verfügten. Mit der Inbetriebnahme in den fünfziger Jahren konnten die Elek-

trolokomotiven aus der Zeit der Elektrifikation vom Gotthard abgezogen werden und in andere Dienste im Flachland eingeteilt werden. Die Ae 6/6-Lokomotiven bewährten sich gut, auch wenn ihnen immer wieder nachgesagt wurde, dass aufgrund ihrer Achsanordnung der Schienenverschleiß höher sei als bei anderen Lokomotiven. Mit der »Kantonslok« 11422 (Vaud) erhielt bereits 1984 die erste Ae 6/6 einen roten Anstrich, rund 40 Lokomotiven folgten diesem Beispiel dann noch. Die restlichen Maschinen blieben grün. Mit der Ablieferung der

Re 6/6- und Re 4/4‴- (Re 430-) Lokomotiven konnten die Ae 6/6 vom Gotthard abgezogen werden und übernahmen andere Dienste, was wiederum die Außerbetriebnahme noch älterer Lokomotive ermöglichte. Nachdem die SBB in drei Divisionen aufgeteilt wurde, ginge die Ae 6/6-Lokomotiven zur Division Cargo und kamen nur noch in einzelnen Fällen vor Personenzügen zum Einsatz. Das Aufsehen war groß, als dann im 2007 die erste Ae 6/6 im »Cargo-Look« unterwegs war. Als Ae 610 bezeichnet, erhielten noch 13 Lokomotiven den rotblauen Anstrich: 610 420, 439, 447, 463, 482, 486, 487, 489, 492, 496, 500, 508 und 519. Doch begann der einst glorreiche Stern der Ae 6/6 zu sinken und auch die Zeit hinterließ an den Lokomotiven ihre Spuren. Mit der 11410 wurde 2001 die erste Lokomotive nach einem Unfall ausrangiert. 2003 ging dann mit der 11409 die zweite Lok ins Alteisen. 2003 und 2006 quittierten die beiden Prototypen 11401 und 11402 ihren Dienst, blieben aber bis heute der Nachwelt erhalten. Mit der Ausrangierung der 11517 im April 2016 endete die Ära der einst stolzen »Gotthard-Lokomotiven« auf den Gleisen der SBB. Da aber dieser Loktyp beim Personal und bei den Eisenbahnfans sehr beliebt war und auch Kultstatus genießt, blieben bis in die heutige Zeit 14 Lokomotiven erhalten:

Nummer	*Wappen*	*Verbleib*	*Standort*
11401	*Ticino*	*SBB Historic (ex Club San Gottardo)*	*Horb (D)*
11402	*Uri*	*SBB Historic*	*Erstfeld*
11404	*Luzern*	*Locorama (ex Elektra Birseck Münchenst.)*	*Romanshorn*
11407	*Aargau*	*SBB Historic (Verein Mikado)*	*Brugg AG*
11411	*Zug*	*SBB Historic*	*Erstfeld*
11413	*Schaffhausen*	*Swissrail Park / Verkehrshaus*	*Biasca*
11416	*Glarus*	*SBB Historic (Ersatzteilspender)*	*Olten*
11418	*Luzern*	*Galliker Transport (Denkmal)*	*Altishausen*
11419	*Appenzell I.R*	*Privatbesitz*	*Luino (I)*
610 420	*Appenzell A.R.*	*Privatbesitz (Classic Rail)*	*Sissach*
11421	*Graubünden*	*SBB Historic (ex Verein Erh. hist. E Lok)*	*Olten*
11424	*Neuchâtel*	*Swisstrain SA*	*Payerne*
11425	*Genève*	*SBB Historic*	*Olten*
11501	*Renens VD*	*Swisstrain SA*	*Payerne*

Als Besonderheit seien noch erwähnt:

11406 – Der Lokkasten dieser Maschine wurde zuerst noch privat aufbewahrt, um ihn im Kanton Obwalden aufzustellen und evtl. darin eine Modelleisenbahnanlage zu errichten. Das Projekt zerschlug sich, der Kasten wurde verschrottet

11414 – Die Lokomotive war mit anderen Drehgestellen ausgerüstet und erreichte bei Testfahrten eine Geschwindigkeit von 200 km/h

11418 – Die 11418 mit dem Wappen von St. Gallen getaufte Lok ist die einzige Ae 6/6-Lok, welche als Denkmal erhalten ist. Sie ist allerdings mit dem Wappen von Luzern versehen

11421 – Die Lok wurde zuerst vom »Verein Erhalt historischer Elektrolokomotive 11403« übernommen. Die geplante Übernahme der 11403 kam nicht mehr zustande, da diese Lok bereits ausrangiert war. Somit betreute der Verein eine Zeitlang die 11421, welche dann aber wieder zurück an die SBB Historic ging

11456 – Die »Städtelok« Olten ging in den Besitz der SBB Historic über. Da beschlossen wurde, die 11456 nicht mehr aufzuarbeiten, wurde die Lok 2019 abgebrochen

11483 – Der Kanton Jura, welcher erst 1978 gegründet wurde, erhielt mit der 11483 eine »Kantonslok«, welche aber im Gegensatz zu den anderen Kantonsloks über keine Chrom-Zierleisten verfügte.

610 492 – Die Lok diente eine Zeitlang als Denkmal bei der Autobahnraststätte in der Nähe von Erstfeld.

Die SBB Historic besitzt somit sieben erhaltene Lokomotiven, von denen ein Teil davon betriebsfähig ist (11407, 11411, 11421 und 11425) und zu bestimmten Anlässen oder für Fitness- und Extrafahrten eingesetzt wird. Erstaunlich ist, dass von 25 »Kantonslokomotiven« deren 13 erhalten geblieben sind, hingegen von 95 »Städtelokomotiven« lediglich eine Maschine.

Erbauer:	**SLM, BBC, MFO**
Baujahr:	**1952 - 1966**
Betriebsnummern:	**11401 - 11520**
Vmax:	**125 km/h**
Gewicht:	**120 - 124 t**
Leistung:	**4'300 kW**
Anstrich:	**grün, rot, Cargo-Anstrich**
Länge über Puffer:	**18'400 mm**
Ausrangierungen:	**alle**
Verkauf / Abgabe:	**11401, 11402, 11404, 11407, 11411, 11413, 11416, 11418, 11419, 610 420, 11421, 11424, 11425, 11501**

Ae 8/14 11801

1931 erhielt die SBB ihre erste Doppellokomotive. Bei der durch die SLM und BBC erbauten Ae 8/14 11801 handelt es sich eigentlich um zwei Ae 4/7. Beide Lokomotivhälften sind mit einem Transformator ausgestattet. Die dem Depot Erstfeld zugeteilte Lokomotive verfügt über acht Fahrmotoren und wurde hauptsächlich für schwere Züge über die Gotthardstrecke eingesetzt. Bereits 1938 wurden die Stromabnehmer 1 und 4 entfernt. Von 1955 – 1961 trug die 11801 ein hellgrünes Farbkleid, davor und danach das typische SBB-grün. Die Lokomotive stand bis 1977 unermüdlich im Einsatz und wurde dann im Depot Erstfeld remisiert. Im Mai 1984 wurde sie zur historischen Lokomotive erklärt und ist nach wie vor im Depot Erstfeld zuhause. Von dort aus kommt sie zu gelegentlichen Einsätzen für Extra- oder Sonderzüge oder nimmt an den regelmäßigen »Fitnessfahrten« zusammen mit anderen historischen Lokomotiven teil. Die Schwesterlokomotive Ae 8/14 11851, 1932 durch die SLM und die MFO erbaut, hatte bis 1961 dieselben Führerstände wie die 11801, erhielt dann aber zwei Stirnfronten analog einer Ae 6/6 mit Schweizerwappen. Auch diese Lokomotive stand hauptsächlich am Gotthard im Einsatz, kam aber gegen Ende ihrer Karriere auch weitab ihrer Heimatstrecke für andere Dienste zum Einsatz. Aufgrund ihres schlechten Zustandes wurde die Lokomotive 1977 ausrangiert und als einzige der drei Doppellokomotiven der SBB leider in Biasca abgebrochen.

Erbauer:	**SLM, BBC**
Baujahr:	**1931**
Betriebsnummern:	**11801**
Vmax:	**100 km/h**
Gewicht:	**240 t**
Leistung:	**5'416 kW**
Anstrich:	**grün**
Länge über Puffer:	**34'000 mm**

Ae 8/14 11852

Das Staunen war groß, als 1939 an der Landesausstellung die elektrische Doppellokomotive Ae 8/14 11852 präsentiert wurde. Mit 11'000 PS galt sie damals als die stärkste Lokomotive der Welt. Die seither als »Landi-Lok« bezeichnete Lokomotive war die dritte, an die SBB gelieferte Doppellokomotive für schwere Züge über die Gotthardstrecke. Der Ausbruch des Zweiten Weltkriegs verhinderte dann allerdings eine geplante, größere Anschaffung an Doppellokomotiven, so blieb es bei diesen drei interessanten Einzelgängern. Die damals sehr futuristisch aussehende Landi-Lok kam dann 1940 offiziell in Betrieb und trug bis 1963 einen hellgrünen Anstrich. Pro Lokomotivhälfte trieben acht Fahrmotoren insgesamt 4 Achsen an, jede Fahrzeughälfte besaß drei Laufachsen. Leider erlitt die Lokomotive 1971 einen Kabelbrand, welcher die eine Lokhälfte so stark beschädigte, dass eine Wiederinbetriebnahme aus Kostengründen nicht mehr in Frage kam. Dennoch wurde der Einzelgänger nicht verschrottet, ging in den Bestand der SBB Historic über und ist im Verkehrshaus der Schweiz in Luzern ausgestellt. Je nach Quelle wurde als »aufgerundete« Leistung auch 12'000 PS angegeben.

Erbauer:	SLM, MFO
Baujahr:	1939
Betriebsnummern:	11852
Vmax:	110 km/h
Gewicht:	236 t
Leistung:	8'158 kW
Anstrich:	hellgrün, grün
Länge über Puffer:	34'010 mm
Ausrangierungen:	11852

Be 4/6 12320 und 12332

Nach den beiden Versuchslokomotiven, den Be 4/6 12301 (mit anderem Lokkasten) und 12302, welche heute beide leider nicht mehr existieren (Abbruch 1963 und 1965), ging die Serienversion der Lokomotive in Produktion. SLM und BBC erbauten für die SBB zwischen 1920 und 1923 40 elektrische »Stangenlokomotiven«. Die formschönen Be 4/6-Lokomotiven besaßen zwei Drehgestelle sowie je eine Laufachse unter den Führerständen. Die Gotthardlinie war gleich von Beginn weg die Domäne der Be 4/6, ehe sie dann nach Anschaffung neuer und leistungsfähigerer Lokomotiven ins Flachland verdrängt wurden. Dennoch behielten sie bis heute ihren Übernamen »erste Gotthard-Schnellzugslokomotiven«. Sie wurden dann auf den übrigen SBB-Linien im Güter- wie auch im Personenverkehr eingesetzt. Die ursprünglich braun gestrichenen Lokomotiven erhielten ein grünes Farbkleid. 1965 wurden die ersten Maschinen aus dem Dienst genommen und 1976 verschwand mit der Be 4/6 12339, die letzte Lok aus dem aktiven Dienst. Die 12330 stand von 1970 bis 1972 im Verkehrshaus, wurde dann aber abgebrochen. Die 12339 war einige Zeit lang in Italien (Luino) und befindet sich heute in Payerne (Privatbesitz). Diese Lokomotive trägt einen grünen Anstrich. Zum Fuhrpark der SBB Historic gehören die 12320 und die 12332. Beide Maschinen sind braun gestrichen. Die 12320 ist in Winterthur stationiert und wird als betriebsfähige Museumslok für spezielle Anlässe oder Extrazüge eingesetzt. Die 12332 steht seit 1981 im Verkehrshaus der Schweiz in Luzern, zuvor war sie als Denkmal von 1974 – 1981 in Baden aufgestellt. Es sei noch zu erwähnen, dass bei den Lokomotiven 12329 – 12342 die Widerstände und Pantographen bis 1930 anders angeordnet waren. Die 12320 trägt den Übernamen »Rehbock«.

Erbauer:	**SLM, BBC**
Baujahr:	**1920 - 1923**
Betriebsnummern:	**12302 - 12342**
Vmax:	**75 km/h**
Gewicht:	**107 - 110 t**
Leistung:	**1'294 - 1'500 kW**
Anstrich:	**braun, grün**
Länge über Puffer:	**16'560 mm**
Ausrangierungen:	**alle außer 12320**
Verkauf / Abgabe:	**12320, 12332, 12339**

Be 4/7 12504

Für das Befördern von schwereren Zügen über die Gotthard-Strecke beschaffte die SBB ab 1922 sechs elektrische Lokomotiven, welche durch die SAAS und die SLM erbaut wurden. Die als Be 4/7 12501 – 12506 in Betrieb gesetzten Lokomotiven wiesen eine seltene Achsfolge auf: Unter den beiden Führerständen sowie in der Fahrzeugmitte zwischen den beiden Drehgestellen befand sich je eine einzelne Laufachse. Sie gehörte auch zu den ersten Serien von elektrischen Streckenlokomotiven, welche über keinen Stangenantrieb mehr verfügten. Mit der Ablieferung der Ae 4/7-Lokomotiven wurden die Be 4/7 vom Gotthard abgezogen und fanden in der Westschweiz sowie auf der Simplon-Linie bis nach Domodossola (I) neue Aufgaben. Dank der ruhigen Laufeigenschaft waren die robusten Lokomotiven beim Personal sehr beliebt. Die ursprünglich braun gestrichenen Lokomotiven wurden später im damals üblichen SBB-grün lackiert und die komplette Serie stand noch bis 1966 im Einsatz. Als erste quittierte die 12503 im März 1966 wegen schweren Schäden an den Fahrmotoren ihren Dienst, 1968 wanderten die 12501 und 12502 aufs Abstellgleis. Alle drei Lokomotiven wurden abgebrochen. Die restlichen drei Maschinen hielten sich noch länger im Dienst und standen für Personen- und Güterzüge meistens in der Westschweiz sowie in der Region Biel und Bern im Einsatz. Im Frühling 1976 war dann endgültig Schluss und alle drei Maschinen wurden ausrangiert. Die 12505 wurde verschrottet, während die 12506 von 1976 bis 1978 im Verkehrshaus der Schweiz (Luzern) ausgestellt wurde. Danach ging auch diese Lok ins Alteisen. Bereits 1977, nur ein Jahr nach ihrer Ausrangierung, wurde die 12504 als historische Lokomotive wieder hergerichtet und erhielt wieder ihren braunen Anstrich. Bis 2005 war sie im Depot Biel stationiert, seither steht sie in Olten und wird für gelegentliche Extrafahrten, zu bestimmten Anlässen oder den mehrmals jährlich stattfindenden Fitnessfahrten eingesetzt. Die Fabriknummer der Lokomotive ist SLM 2716. Im Jahr 2022 darf die stolze Lokomotive der SBB Historic ihren 100 Geburtstag feiern.

Erbauer:	**SLM, SAAS**
Baujahr:	**1921 - 1922**
Betriebsnummern:	**12501 - 12506**
Vmax:	**80 km/h**
Gewicht:	**111 t**
Leistung:	**1'800 kW**
Anstrich:	**braun, grün**
Länge über Puffer:	**16'300 mm**
Ausrangierungen:	**alle außer 12504**

Be 6/8“ 13254 / Ce 6/8“ 14253

Das Aufsehen damals vor über 100 Jahren war groß, als die erste »Krokodil-Lokomotive« der Öffentlichkeit vorgestellt wurde. Die SLM und die MFO konstruierten ab 1919 bis 1922 33 elektrische Lokomotiven der Baureihe Ce 6/8". Die ersten drei Lokomotiven erhielten allerdings noch die Bezeichnung Fc 2x 2/3 12251 – 12253. Die robusten Lokomotiven besaßen zwei dreiachsige Drehgestelle sowie an den Fahrzeugenden je eine Laufachse. Die beiden markanten Vorbauten sowie das Führerhaus in der Mitte der gelenkigen Lokomotive ist es zu verdanken, dass sie zu ihrem Namen kam. Die als Ce 6/8" 14251 – 14283 in Betrieb gesetzten Lokomotiven übernahmen dann auch gleich die Aufgaben der Dampfloks am Gotthard. Diese Strecke blieb ihre Domäne, bis sie allmählich von den schnelleren und leistungsfähigen Ae 6/6-Lokomotiven abgelöst werden konnten. Bereits zwischen 1942 und 1947 wurden die Lokomotiven 14251 – 14259, 14261 und 14263 – 14265 umgebaut. Sie bekamen stärkere Motoren und die Höchstgeschwindigkeit konnte von 65 km/h auf 75 km/h gesteigert werden.

Ihre neue Bezeichnung lautete Be 6/8" 13251 – 13259, 13261 und 13263 – 13265. Die Ce 6/8" 14260 und 14262 wurden 1948/49 in 14284 respektive 14285 umnummeriert. Mit der Inbetriebnahme neuer und zugkräftiger Elektrolokomotiven konnte mehr und mehr auf die »Krokodile« verzichtet werden. 1965 schieden die ersten Maschinen aus dem Dienst. Zwischen 1965 und 1971 wurden die Maschinen 14267, 14269 sowie 14274 bis 14283 für den Rangierdienst umgebaut. Dabei erhielten die Lokomotiven eine Rangierplattform, Zugfunk und waren nur noch mit einem Stromabnehmer ausgerüstet. Die nicht mehr umgebauten Be 6/8" und Ce 6/8" quittierten ihren Dienst bis 1982. Bereits ab 1973 wurde die Höchstgeschwindigkeit der Lokomotiven zu deren Schonung wieder auf 65 km/h gesenkt. Die »Rangier-Krokodile« standen noch bis 1986 im Dienst, dann war aber Schluss. Sieben Lokomotiven sind erhalten geblieben. Die Be 6/8" 13254 (SBB Historic) steht seit 1982 im Verkehrshaus und die Ce 6/8" 14253, wieder in ihrem braunen Originalanstrich, ist betriebsfähig in Erstfeld stationiert und führt unter der Flagge der SBB Historic gelegentlich Extrazüge oder wir für Fitnessfahrten bewegt. Kaum eine andere Elektrolokomotive genoss mehr Popularität als die »Krokodile«. Es gab (und gibt immer noch

Erbauer:	SLM, MFO
Baujahr:	1919 - 1922
Betriebsnummern:	14251 - 14283 /13251 - 13259, 13261, 13263 - 13265 / 14284 - 14285
Vmax:	65 - 75 km/h
Gewicht:	126 - 128 t
Leistung:	1'650 - 2'688 kW
Anstrich:	braun, grün
Länge über Puffer:	19'460 mm
Ausrangierungen:	alle außer 14253
Verkauf / Abgabe:	14253, 13254, 13257, 14267, 14270, 14276 und 14282

artverwandte Lokomotiven der Krokodile in der Schweiz und im Ausland. So werden z.B. die Ge 6/6' 401 – 415 »RhB-Krokodile« genannt, die formschöne Ge 4/4 182 (RhB) »Bernina-Krokodil« und die HGe 4/4 11 – 15 »BVZ-Krokodil«. Auch im Ausland gab es ähnliche Lokomotiven. Zu den exotischsten Lokomotiven gehören sicher die noch existierenden »Krokodile« in Bolivien und Indien.

Ce 6/8"	*Be 6/8"*	*Verbleib erhaltener Lokomotiven*
14253	*13253*	*SBB Historic Erstfeld, betriebsfähig, Anstrich braun*
14254	*13254*	*SBB Historic / VHS, Anstrich grün*
14257	*13257*	*Museum Mürzzuschlag (A), Anstrich grün*
14267		*Museum Speyer (D), Anstrich braun*
14270		*Denkmal Erstfeld, später Zürich Oerlikon, Anstrich grün*
14276		*CSG, danach Rail Park St. Gotthard, Biasca, Anstrich grün*
14282		*Museum Sinsheim (D), Anstrich grün*

Be 6/8‴ 13302, Ce 6/8‴ 14305

1926 und 1927 lieferten die SLM und die MFO weitere 18 »Krokodil«-Lokomotiven an die SBB, um den steigenden Güterverkehr auf den in den zwanziger Jahren zahlreich elektrifizierten Linien zu bewältigen. Dennoch waren sie auch wie ihre Vorgänger Be 6/8"/Ce 6/8" typische Gotthardlokomotiven, welche sich dank ihrer »gelenkigen« Bauweise perfekt für die kurvenreiche Strecke über den Gotthard eigneten. Deshalb waren die Lokomotiven auch hauptsächlich den Depots Erstfeld, Biasca (bis 1947) und Bellinzona zugeteilt. Bei den als Ce 6/8‴ 14301 – 14318 bezeichneten Lokomotiven wurden 1953 und 1954 bei sechs Maschinen die Höchstgeschwindigkeit versuchsweise auf 75 km/h erhöht, sie erhielten dadurch die Bezeichnung Be 6/8‴sowie die Betriebsnummern 13301 – 13318. Zur Schonung der Lokomotiven wurde aber ab 1973 die Höchstgeschwindigkeit wieder auf 65 km/h gesenkt. Mit dem Aufkommen der schnelleren und zugkräftigen Ae 6/6-Lokomotiven wurden die »Krokodile« vom Gotthard abgezogen und in andere Dienste eingeteilt, ehe 1967 mit den 13301 und 13318 die ersten beiden Maschinen den Dienst quittierten. Bis 1977 war dann schließlich die ganze Serie ausrangiert worden. Zwei »Krokodile« dieser Serie blieben der Nachwelt erhalten und befinden sich im Besitz der SBB Historic. Die Be 6/8‴ 13302 wird vom Verein MECH (Modelleisenbahnclub Horgen) betreut und ist betriebsfähig in Rapperswil stationiert. Die wieder als Ce 6/8‴ 14305 bezeichnete, ehemalige 13305, war jahrelang in Basel stationiert, befindet sich heute aber in Olten. Beide Lokomotiven sind immer wieder Mal an Anlässen zu Gast oder werden für Extra- und Sonderfahrten eingesetzt. Die Krokodile gehören zu den populärsten, elektrischen Lokomotiven der SBB, besitzen eine große Fangemeinde und sind weit über die Landesgrenzen hinaus bekannt und beliebt. Die 13302 wie auch die 14305 besitzen einen grünen Anstrich. Bei der Ablieferung waren alle Lokomotiven braun gestrichen, erhielten aber später ein grünes Farbkleid.

Erbauer:	**SLM, MFO**
Baujahr:	**1926 - 1927**
Betriebsnummern:	**13301 - 13318 / 14301 - 14318**
Vmax:	**65 - 75 km/h**
Gewicht:	**131 t**
Leistung:	**1'812 kW**
Anstrich:	**braun, grün**
Länge über Puffer:	**20'060 mm**
Ausrangierungen:	**alle außer 13302 und 14305**
Verkauf / Abgabe:	**13302 und 14305**

Bm 4/4 18425

Zwischen 1960 und 1970 beschafften die SBB durch die beiden Hersteller SLM und SAAS insgesamt 46 vierachsige Diesellokomotiven, welche in drei Bauserien (18401 – 18406, 18407 – 18426 und 18427 – 18446) ausgeliefert wurden. Die Lokomotiven wurden hauptsächlich im Rangierdienst eingesetzt, konnten aber auch für Bau- und Hilfszüge herangezogen werden. Sie bewährten sich gut und die ganze Serie stand bis 1996 komplett im Einsatz, ehe mit der 18417 die erste Lok unfallbedingt ausschied. Die restlichen Maschinen standen noch bis zur Inbetriebnahme neuer Lokomotiven im Einsatz und quittierten dann ihren Dienst. Acht Lokomotiven konnten verkauft werden. Die 18415 und 18435 befinden sich nach wie vor im Bestand der SBB (Division Personenverkehr). Mit der Bm 4/4 18425 bleibt ein Vertreter dieser markanten Generation von Universal-Dieselrangierlokomotiven der Nachwelt erhalten und befindet sich im Besitz der SBB Historic.

Erbauer:	**SLM, SAAS**
Baujahr:	**1960 - 1970**
Betriebsnummern:	**18401 - 18446**
Vmax:	**75 km/h**
Gewicht:	**72 t**
Leistung:	**620 kW**
Anstrich:	**rotbraun, rot**
Länge über Puffer:	**12'650 - 13'150 mm**
Ausrangierungen:	**alle außer 18415 und 18435**
Verkauf / Abgabe:	**18403, 18407, 18411, 18416, 18420, 18424, 18425, 18426 und 18430**

Bm 4/4" 18451

Diese beiden 1939 durch die SLM, BBC und die Sulzer gelieferten Diesellokomotiven wurden noch als Gepäck-Dieseltriebwagen bestellt. Bereits damals schon sah das Design dieser beiden Lokomotiven doch fast schon futuristisch aus. Beide Lokomotiven, damals noch als Am 4/4 1001 und 1002 bezeichnet, standen zuerst in der Westschweiz im Einsatz und erhielten während des zweiten Weltkriegs wegen Brennstoffmangels gar Fahrverbot! Erst 1959 wurden sie in Bm 4/4" 18451 und 18452 umbezeichnet. Sie kamen für allerlei Dienste wie z.B. auch Hilfszüge zum Einsatz. Ab 1969 dienten sie dann hauptsächlich der Reserve oder wurden für Sonderfahrten eingesetzt. Die Bm 4/4" 18451 wurde 1989 in den Bestand der historischen Lokomotiven aufgenommen und ist heute in Olten stationiert. Gelegentlich wird sie zu speziellen Anlässen der SBB Historic gezeigt oder ist bei den regelmäßig stattfindenden »Fitnessfahrten« dabei. Die Schwesterlok wurde 1990 ausrangiert und anschließend leider abgebrochen. Wären die beiden Fahrzeuge ursprünglich wie geplant als Gepäck-Dieseltriebwagen gebaut wurden, hätte die Bezeichnung Fm 4/5 991 und 992 gelautet. Lediglich in den Jahren 1962 – 1964 erhielten beide Lokomotiven einige Umbauten (Änderung des Übersetzungsverhältnisses, Verschließung der rechten Führerstandstüren), ansonsten haben sie ihr Aussehen und ihren Anstrich weitgehend behalten. 1939 durfte die heutige 18451 noch als Am 4/4 1001 an der Landesausstellung in Zürich teilnehmen.

Erbauer:	**SLM, BBC, Sulzer**
Baujahr:	**1939**
Betriebsnummern:	**18451 - 18452**
Vmax:	**75 km/h**
Gewicht:	**66 t**
Leistung:	**611 kW**
Anstrich:	**grün**
Länge über Puffer:	**14'900 mm**
Ausrangierungen:	**18452**

Bm 6/6 18505

Zwischen 1954 und 1961 erhielten die SBB vierzehn zugkräftige, sechsachsige Diesellokomotiven. Die durch die SLM, Sulzer, BBC und SAAS erbauten Fahrzeuge bekamen die Bezeichnung Bm 6/6 18501 – 18514 und dienten hauptsächlich dem schweren Rangierdienst, für Hilfszüge oder kamen sogar auf der nicht elektrifizierten Strecke Etzwilen – Singen für schwere Güter- oder Huckepackzüge zum Einsatz. Die ersten vier Maschinen (Prototypen) wurden noch als Bm 6/6 1501 – 1504 geliefert und hatten ein leicht anderes Aussehen. 1981 wurde bei den Lokomotiven der Rangierfunk eingebaut. Eine Bm 6/6 verfügt über zwei Dieselmotoren und sechs elektrische Motoren, wobei bei leichten Belastungen ein Dieselmotor ausgeschaltet werden konnte. Der Tank unter dem Führerstand hat ein Fassungsvermögen von gut 3'000 Liter. Beheimatet waren die Lokomotiven in Lausanne, Brig, Bern, Bellinzona, Basel, Rorschach und Winterthur. Einige Maschinen erhielten zwischen 1984 und 1995 noch einen roten Anstrich, die restlichen Loks verblieben bis zu ihrem Verkauf in rotbraunem Anstrich. 1999 schied die Bm 6/6 18514 als erste Lok infolge Frostschäden am Dieselmotor aus. Später folgte ihr die 18502 in den Abbruch. Eine Privatperson übernahm 11 Lokomotiven (18501, 18503 – 18504, 18506 – 18513) und setzte sie gelegentlich für Bauzüge oder im Rangierdienst bei Firmen ein. Mittlerweilen sind die Lokomotiven abgestellt, die 18503, 18504 und 18506 wurden verschrottet. Die 18501 zeigt sich wieder als 1501 mehr oder weniger in der Ursprungsversion. Die 18505 diente zuletzt noch als Hilfslokomotive in Brig, gehört heute zur Sammlung der SBB Historic und ist in Olten stationiert.

Erbauer:	**SLM, Sulzer, BBC, SAAS**
Baujahr:	**1954 - 1961**
Betriebsnummern:	**18501 - 18514 (1501 - 1504)**
Vmax:	**75 km/h**
Gewicht:	**106 t**
Leistung:	**956 kW**
Anstrich:	**rotbraun, rot**
Länge über Puffer:	**17'000 - 17'560 mm**
Ausrangierungen:	**alle**
Verkauf / Abgabe:	**18501, 18503 - 18513**

Ce 4/4 2

Für den elektrischen Versuchsbetrieb der Linie Seebach – Wettingen (1903 – 1909) standen drei elektrische Lokomotiven zur Verfügung:

Lok 1: *Fc 2x 2/2 12101*	*ab 1920 Ce 4/4 13501*	*(SLM, MFO 1903)*
Lok 2: *Fc 2x 2/2 12102*	*ab 1920 Ce 4/4 13502*	*(SLM, MFO 1905)*
Lok 3: *Seebach – Wettingen 3*	*ab 1912*	*Werklok 4 (Berlin)*

Lok 1 wurde 1919 durch die SBB übernommen, stand dann zwischen Bern Wylerfeld und Thun im Einsatz und wurde 1940 bei der SBB ausrangiert. Einen zweiten Frühling erlebte die Lok dann, als sie ab 1941 auf der ehemaligen Bodensee-Toggenburg-Bahn (BT, heute SOB) als Ce 4/4 33 noch bis zur ihrer Ausrangierung im Jahr 1958 im Einsatz stand. Danach kam die Lokomotive ins Verkehrshaus, wo sie auch heute noch, seitlich aufgeschnitten, zu bewundern ist. Sie trägt den Übernamen »Eva«, ist braun gestrichen und befindet sich im Besitz des VHS.

Lok 2 war nach dem Ende des Versuchsbetriebs bis 1919 bei der MFO abgestellt und wurde anschließend von der SBB übernommen. Nach ihrer Ausrangierung 1940 kam sie zur Sensetalbahn (STB) und diente dort bis 1964 als Rangierlok Ce 4/4 1. Danach war sie bis 1995 im Verkehrshaus der Schweiz aufgestellt. Heute befindet sich die nicht betriebsfähige Lokomotive im Besitz der SBB Historic und ist in Olten eingestellt. Eher selten wird sie mal ans Tageslicht gestellt.

Lok 3 gehörte nie zum Fahrzeugbestand der SBB und ging nach ihrer Ausserbetriebsetzung 1909 wieder nach Deutschland zurück. Ab 1914 diente sie als Werklok 4 auf der Güterbahn Spandau-Nonnendamm und erhielt anfangs der zwanziger Jahre noch eine Hauptrevision. 1944 wurde die während eines Bombenbangriffs weitgehend zerstört und anschließend abgebrochen.

	Ce 4/4 1	Ce 4/4 2
Erbauer:	SLM, MFO	SLM, MFO
Baujahr:	1903	1905
Betriebsnummern:	1, 12101, 13501, 33	2, 12102, 13502, 1
Vmax:	60 km/h	60 km/h
Gewicht:	39,9 t	42,5 t
Leistung:	260 kW	260 kW
Anstrich:	braun	braun
Länge über Puffer:	9'500 mm	9'500 mm
Ausrangierungen:	1	2
Verkauf / Abgabe:	1	2

Ce 6/8' 14201

Bei diesem Einzelgänger handelt es sich um eine von vier Prototyplokomotiven, welche aber als einzige Maschine für den Güterverkehr gedacht war. 1919 wurde sie von der SLM und der BBC geliefert. Ursprünglich waren für diese Lok keine Laufachsen vorgesehen. Da aber der elektrische Teil beim Bau schwerer als geplant wurde, konnte dann auf die beiden Laufachsen an den Fahrzeugenden doch nicht verzichtet werden. Die ursprünglich braun gestrichene Lokomotive erhielt 1940 ein grünes Farbkleid. Oft wurde sie am Gotthard eingesetzt, Ende der dreißiger Jahre aber nach Basel versetzt und war dort vor schweren Güterzügen anzutreffen. Gegen Ende ihrer Karriere stand sie auch im Rangierdienst, für Überfuhrdienste von Muttenz zu den Rheinhäfen sowie für Bremsversuchzüge in Bern im Einsatz. 1972 bekam sie wieder ihr braunes Farbkleid zurück. Während die anderen Prototyplokomotiven zwischen 1963 und 1973 leider ausrangiert und abgebrochen wurden, überlebte u.a. auch dank der Einzelinitiative eines Lokführers die Ce 6/8' 14201 die Abbruchwelle von Stangenlokomotiven zu dieser Zeit. Dennoch wurde die Lok 1982 auch aufgrund des schlechten Allgemeinzustandes ausrangiert. Längere Zeit war sie im Verkehrshaus der Schweiz in Luzern ausgestellt, heute ist der historisch wertvolle Einzelgänger der SBB Historic im Depot Erstfeld eingestellt, wird aber zu bestimmten Anlässen im Freien aufgestellt. Neben hohen Kosten sind auch fehlende Ersatzteile der Grund, dass die sich im Besitz der SBB Historic befindende Lokomotive bis heute nicht aufgearbeitet wurde. Allerdings, Ideen, die Lok wieder betriebsfähig herzurichten, gab es immer wieder mal. Die Lokomotive trägt Übernamen wie »Schlotterbck« oder »Köfferlilok«.

Erbauer:	**SLM, BBC**
Baujahr:	**1920**
Betriebsnummern:	**14201**
Vmax:	**65 km/h**
Gewicht:	**118 t**
Leistung:	**1'750 kW**
Anstrich:	**braun, grün**
Länge über Puffer:	**19'250 mm**
Ausrangierungen:	**14201**

Ee 3/3 16388

Mit der Elektrifizierung seit den zwanziger Jahren hielten bei den SBB auch die ersten, elektrischen Rangierlokomotiven Einzug. SLM und BBC lieferten 1923 zwei Prototypen an die SBB. Die beiden Ee 3/4 16301 und 16302 hatten an einem Fahrzeugende eine Laufachse, was sich aber nicht bewährte und worauf deshalb bei den danach folgenden, zahlreichen Serienmaschinen verzichtet wurde. Dennoch hielten sich diese beiden Loks bis 1979 und 1983 im Dienst! Ab 1928 konstruierten die SLM und die BBC sechzehn Ee 3/3-Lokomotiven (16311 – 16326), bei welchen das Führerhaus am Fahrzeugende angebracht war, weshalb die Lokomotiven nur über eine Rangierplattform verfügten. Diese robuste Fahrzeugserie stand beinahe 50 Jahre komplett im Einsatz. Aufgrund ihres Aussehens bekamen die Loks dieser Serie schnell einmal den Übernamen »Bügeleisen« oder »Halbschuh«. Zwischen 1977 und 1997 wurden sämtliche Lokomotiven ausrangiert, ein Teil davon weiterverkauft. Bis heute sind die 16313, 16315, 16316 und 16326 privat erhalten geblieben und nicht betriebsfähig in Uetikon hinterstellt. Die 16318 ist ebenfalls in Privatbesitz und betriebsfähig in Romanshorn stationiert.

Die 16311 (PTT), 16312, 16322 und 16323 (EBT/VHB) wurden nach ihrer Ausrangierung ebenfalls weiterverkauft, existieren heute aber nicht mehr. Ab 1930 – 1931 kamen weitere 20 Ee 3/3-Lokomotiven in Betrieb. Im Gegensatz zu ihren Vorgängern war bei den 16331 – 16350 das Führerhaus in der Fahrzeugmitte angeordnet, aber auch diese Lokomotiven verfügten nur über eine Rangierplattform. Einige dieser Lokomotiven erhielten noch einen roten Anstrich. Die ganze Serie wurde zwischen 1995 und 2008 aus dem Betrieb genommen. Mit der Ee 3/3 16332 blieb ein Vertreter dieser Serie in privaten Händen erhalten und ist in Le Locle abgestellt. Zwischen 1932 und 1942 kamen weitere 26 Maschinen in Betrieb. Vom Aufbau her sehr ähnlich, besaßen aber diese Lokomotiven an beiden Enden Rangierplattformen. Auch bei diesen Fahrzeugen erhielt ein Teil der Lokomotiven anlässlich von Revisionen einen roten Anstrich. Diese Serie hielt sich komplett bis 2002 in Betrieb, 2017 verschwand die letzte Lok aus dem Einsatz. Die 16362 (Ersatzteilspender) und 16363 (betriebsfähige Museumslokomotive) sind beim DVZO erhalten geblieben, die 16351 privat (Payerne). 1944 – 1947 kamen, diesmal durch die SLM, BBC, MFO und SAAS erbaut,

34 weitere Ee 3/3-Lokomotiven in Betrieb. Sie verfügten über mehr Leistung als ihre Vorgänger und besaßen leicht geänderte Vorbauten. Auch hier erhielten diverse Lokomotiven noch einen roten Anstrich. Die 16384 schied bereits 1991 nach einem Unfall aus, die Ausrangierung der restlichen Lokomotiven erfolgte zwischen 2001 und 2020. Fünf Lokomotiven blieben der Nachwelt erhalten:

16383	*im Besitz des Verein Historische Seethalbahn (HSB), Hochdorf*
16388	*im Besitz der SBB Historic, Olten (ersetzte die 2020 abgebrochene 16399)*
16403	*RUWA Drahtwerke, Sumiswald (Burghof), Werklok, derzeit abgestellt*
16406	*Modern Steam am Hauenstein, Sissach*
16408	*RUWA Drahtwerke, Sumiswald (Burghof), Werklok*

In drei kleineren Serien kamen dann nochmals 40 Loks (16421 – 16460) in Betrieb, die zwischen 2005 und 2020 ausrangiert wurden. Von diesen drei Teilserien (16421 – 16430, 16431 – 16440 und 16441 – 16460) blieb leider kein Vertreter erhalten.

Die 16399 ging in den Bestand der SBB Historic über und war in Olten hinterstellt. Aufgrund des eher schlechten Zustands wurde entschieden, eine andere Lok in den Bestand aufzunehmen. Mit der 1943 durch die SLM, BBC, MFO und SAAS erbauten Lok Ee 3/3 16388 bleibt bei der SBB Historic in Olten eine Lok dieser Serie, welche jahrzehntelang das Bild der SBB im Rangierdienst prägten, erhalten.

Liste der Ee 3/3 - Rangierlokomotivserien der SBB

Betriebsnummern	Baujahr	Erbauer	V max	Gewicht	Leistung	LüP	erhalten gebliebene Lokomotiven
16301 - 16302	1923	SLM, BBC	40 km/h	49 t	430 kW	9'880 mm	---
16311 - 16326	1928	SLM, BBC	40 km/h	45 t	430 kW	9'060 mm	16313, 16315, 16316, 16318 und 16326
16331 - 16350	1930 - 1931	SLM, BBC	40 km/h	45 t	430 kW	9'150 mm	16332
16351 - 16376	1932 - 1941	SLM, BBC	40 km/h	45 t	430 kW	9'750 mm	16362 und 16363
16381 - 16414	1944 - 1947	SLM, BBC, MFO, SAAS	50 km/h	39 t	502 kW	9'510 mm	16383, 16388, 16403, 16406 und 16408
16421 - 16430	1951 - 1956	SLM, BBC, MFO, SAAS	45 km/h	45 t	502 kW	9'510 mm	---
16431 - 16440	1961 - 1962	SLM, BBC, MFO, SAAS	45 km/h	45 t	502 kW	9'510 mm	---
16441 - 16460	1966	SLM, BBC, MFO, SAAS	45 km/h	44 t	502 kW	9'510 mm	---

Erbauer:	**SLM, BBC, MFO, SAAS**
Baujahr:	**1943**
Betriebsnummern:	**16388**
Vmax:	**50 km/h**
Gewicht:	**39 t**
Leistung:	**502 kW**
Anstrich:	**rotbraun, rot**
Länge über Puffer:	**9'510 mm**
Ausrangierungen:	**alle**
Verkauf / Abgabe:	**siehe Tabelle**

Re 4/4' 10001, 10044

Mit der Inbetriebnahme der Re 4/4' beschaffte die SBB ihre ersten, elektrischen Streckenlokomotiven ohne Laufachsen. Zwischen 1946 und 1951 kamen zwei unterschiedliche Fahrzeugserien in Betrieb. Neben der SLM waren auch noch die BBC, die MFO und die SAAS am Bau der Fahrzeuge beteiligt. Die 10001 – 10026 besaßen zwei verschiedene Fahrzeugseiten und waren für den Pendelbetrieb eingerichtet. Die zweite Serie 10027 – 10050 besaß runde Fahrzeugfronten, keine Stirnwandtüren und identische Fahrzeugseiten. Auch wiesen die Lokomotiven der zweiten Serie etwas mehr Leistung auf.

Die Lokomotiven bewährten sich sehr gut und kamen im Regional- wie auch im Schnellzugsverkehr schweizweit zum Einsatz und waren u.a. den Depots Basel, Lausanne, Olten und Rorschach zugeteilt. Anlässlich von Revisionen erhielten diverse Lokomotiven beider Serien noch einen roten Anstrich, die anderen Maschinen waren bis zur ihrer Ausrangierung im grünen Anstrich unterwegs. Es gab aber auch noch andere Anstrichvarianten: Lok 10009 trug von 1957 – 1959 einen blauen Anstrich, Lok 10016 von 1955 – 1957 einen hellgrünen Anstrich. Ein sehr gefälliges Aussehen trugen die Loks 10033, 10034, 10046 und 10050, welche im Jahr 1972 einen rot-cremefarben TEE-Anstrich erhielten.

Der Stern der Lokomotiven begann erst anfangs der neunziger Jahre zu sinken. 1994 schieden mit den 10021, 10024 und 10036 die ersten drei Loks nach Unfällen aus dem Dienst. Mitte der neunziger Jahre begann dann die große Ausrangierungswelle der Re 4/4'-Lokomotiven, nachdem sie immer mehr in niedrigeren Diensten eingeteilt waren. Bis 1998 war ein grosser Teil der Lokomotiven ausrangiert worden, einige verdienten sich noch als sogenannte Waschloks in Basel ihr Gnadenbrot, in dem sie bei der Waschanlage die zu reinigenden Kompositionen rangierten. Bald war dann aber auch damit Schluss. Die 10001 (Depot Olten) und die 10044

(Depot Rapperswil) sind bis heute als historische Lokomotiven erhalten geblieben und werden zu bestimmten Anlässen eingesetzt. Diverse Lokomotiven blieben anderweitig erhalten: 10002, 10009, 10016 und 10039 blieben privat erhalten (Classic Rail Pool) und führten unter der Flagge der Mittelthurgau-Bahn (MThB) noch eine Zeitlang Postzüge. Die 10006, 10008 und 10019 gingen nach Deutschland, wovon die 10008 und 10019 gelegentlich für Sonderfahrten im Einsatz stehen, die 10006 dient als Ersatzteilspender. 10032 (Tschechien), 10034 (Verein TEE-Classic, betriebsfähige Museumslokomotive), 10042 (Horb, D) und 10046 (Romanshorn) blieben privat erhalten. Bleibt noch zu erwähnen, dass die Lokomotiven bei der Ablieferung die Betriebsnummern 401 – 450 getragen haben und erst zwischen 1957 und 1962 ihre heutigen Nummern 10001 – 10050 bekamen. Speziell ist noch die Tatsache, dass die Fahrmotoren der 10001 – 10026 nicht komplett zu befriedigen mochten, weshalb bei der zweiten Serie (10027 – 10050) grösser dimensionierte Fahrmotoren eingebaut wurden. Da jedoch bei dieser Serie auf den Einbau einer elektrischen Bremse verzichtet und keine Stirnwandtüren eingebaut wurden, waren die Lokomotiven auch nicht schwerer als die Vorserie.

Erbauer:	**SLM, BBC, MFO, SAAS**
Baujahr:	**1946 - 1951**
Betriebsnummern:	**10001 - 10050**
Vmax:	**125 km/h**
Gewicht:	**57 t**
Leistung:	**1'830 - 1'854 kW**
Anstrich:	**grün, rot, TEE**
Länge über Puffer:	**14'700 - 14'900 mm**
Ausrangierungen:	**alle außer 10001 und 10044**
Verkauf / Abgabe:	**10001, 10002, 10006, 10008, 10009, 10016, 10019, 10032, 10034, 10039, 10042, 10044, 10046**

Re 4/4" 11108

Um die zahlreichen elektrischen Stangenlokomotiven aus der Zeit der Elektrifikation ablösen zu können, beschaffte die SBB eine große Stückzahl von Universal-Lokomotiven, welche ab 1964 in mehreren Tranchen bis 1985 in Betrieb kamen. Die durch SLM, BBC und MFO gelieferten Lokomotiven erhielten die Betriebsnummern 11101 – 11349 und 11371 – 11376 und waren damals im typischen SBB-grün gestrichen, die 11377 – 11397 kamen ab Werk bereits mit einem roten Anstrich in Betrieb. Die als Re 4/4"bezeichneten Lokomotiven bildeten mit 276 Maschinen bis heute die größte Fahrzeugserie der SBB. Einige Lokomotiven schieden schon früh durch Unfälle aus. Die Anschaffung moderner Lokomotiven erlaubte zwar die Ausrangierung oder der Verkauf diverser Lokomotiven, dennoch ist ein großer Teil davon noch heute im Personen- und vor allem im Güterverkehr im Einsatz. Acht Lokomotiven im gefälligen »Swiss-Express-Anstrich« verkehrten mit passenden Wagen (Einheitswagen Typ 3) als Städteschnellzüge durch die Schweiz. Die acht Lokomotiven 11103, 11106, 11108, 11109, 11112, 11113, 11133 und 11141 waren dunkelorange lackiert und trugen einen großen weißen Zierbalken um das ganze Fahrzeug. Anders als die übrigen Maschinen trugen diese acht Fahrzeuge kein Schweizer Kreuz auf der Front, sondern das rotumrandete SBB-Signet. 11112, 11113, 11133 und 11141 wurden später rot lackiert. Die 11103 und 11106 gingen an die BLS, existieren dort aber nicht mehr. Die 11108 und 11109 behielten bis heute ihren Anstrich. Während die 11109 noch für gelegentliche Einsätze unterwegs ist und bald einmal ausrangiert werden dürfte, ging die 11108 Ende 2020 in den Bestand der SBB Historic über und ist in Olten abgestellt.

Erbauer:	**SLM, BBC, MFO**
Baujahr:	**1964 - 1985**
Betriebsnummern:	**11101 - 11349, 11371 - 11397**
Vmax:	**140 km/h**
Gewicht:	**80 t**
Leistung:	**4'700 kW**
Anstrich:	**grün, rot, TEE, Swiss-Express-Anstrich, Cargo-Anstrich**
Länge über Puffer:	**14'800 - 15'570 mm**
Ausrangierungen:	**diverse (siehe Tabelle)**
Verkauf / Abgabe:	**diverse (siehe Tabelle)**

BDe 4/4 1643 und 1646

Nachdem in den vierziger Jahren viele Nebenstrecken elektrifiziert wurden, fehlte es an zeitgemäßem Rollmaterial für den Regional- und Pendelverkehr. Somit beschaffte die SBB zwischen 1952 und 1955 total 31 elektrische, vierachsige Triebwagen mit Gepäckabteil. Die als CFe 4/4 841 – 871 in Betrieb gesetzten Fahrzeuge entstanden als Gemeinschaftsprodukt der SLM, SWP, BBC, MFO und SAAS. 1956 wurden sie im Zuge der Abschaffung der dritten Klasse in BFe 4/4 und zwischen 1959 und 1961 in BDe 4/4 umbezeichnet, womit sie auch die Betriebsnummern 1621 – 1651 erhielten. Die Triebwagen kamen genauso als Solofahrer wie auch als zwei- oder dreiteilige Pendelzüge (mit Zwischen- und Steuerwagen) zum Einsatz. Bei den in Tannengrün gestrichenen Fahrzeugen waren alle vier Achsen angetrieben, der Scherenpantograph befand sich über dem Gepäckabteil. Sieht man mal von einem kurzen Gastspiel im Tessin ab, waren die Triebwagen immer den Depots Lausanne, Olten und Winterthur zugeteilt. Bei den Triebwagen 1621, 1623, 1629 und 1631 wurden zwischen 1988 und 1990 die Stirntüren verschweißt. Die ganze Serie stand mit einigen Änderungen und Umbauten komplett bis 1990 im Einsatz, ehe mit dem BDe 4/4 1638 das erste Fahrzeug den Dienst quittierte. Danach ging es relativ schnell und bis 1997 wurden bei der SBB alle Triebwagen außer den beiden 1643 und 1646 ausrangiert. Die 1641 und 1651 kamen 1997 zur Oensingen-Balsthal-Bahn und standen dort bis vor wenigen Jahren noch im als BDe 4/4 641 und 651 im Einsatz, ehe sie ins Alteisen gingen. Der BDe 4/4 1632 ist privat noch erhalten. Der BDe 4/4 1643 ist seit 1997 im Besitz der SBB Historic und wird von Winterthur aus für Sonder- und Extrafahrten eingesetzt. Der BDe 4/4 1646 war eine Zeitlang mit passenden Wagen als kunterbunter Jugendzug unterwegs, heute befindet er sich in Erstfeld

und fährt unter der Flagge der SBB Historic über die Gotthard-Bergstrecke. Beide Fahrzeuge können auch gechartert werden. Insgesamt bot ein Triebwagen der Serie 40 Sitzplätze in der zweiten Klasse sowie ein 19 m2 großes Gepäckabteil mit einer Ladekapazität von 4 Tonnen.

Erbauer:	**SLM, SWP, BBC, MFO, SAAS**
Baujahr:	**1952 - 1955**
Betriebsnummern:	**1621 - 1651**
Vmax:	**110 km/h**
Gewicht:	**57 t**
Leistung:	**1'176 kW**
Anstrich:	**grün**
Länge über Puffer:	**22'700 mm**
Ausrangierungen:	**alle außer 1643 und 1646**
Verkauf / Abgabe:	**1632, 1641 und 1651**

De 4/4 18518, 1679

Ab 1927 kamen für die SBB 25 vierachsige Gepäcktriebwagen für den Vorortverkehr in Betrieb, welche die Bezeichnung Fe 4/4 18501 – 18524 sowie 18561 erhielten, in Betrieb. Die durch die SWS, SIG und SAAS erbauten Fahrzeuge waren grün gestrichen, außer die beiden 18517 und 18518 trugen ein blauweißes Farbkleid. An einigen Fahrzeugen wurden schon früh Änderungen vorgenommen, so erhielten z.B. die 18509 – 18511 ab 1938 eine elektrische Rekuperationsbremse für Einsätze im Vallée de Joux. 1947/48 wurde die ganze Fahrzeugserie in 801 – 824 sowie 831 umbezeichnet, erst zwischen 1961 und 1963 erhielten sie ihre letzten Nummern De 4/4 1661 – 1685. Die De 4/4 1661 – 1671 bekamen anlässlich eines Umbaus (1966 – 1971) einen Stahlkaten und waren oxydrot gestrichen. Haupteinsatzgebiet war die Seetallinie Wildegg – Lenzburg – Luzern sowie das Vallée de Joux (Le Pont – Le Brassus). Leider verschwand das letzte Fahrzeug dieser modernisierten Version bereits im Jahr 1989. Die 1672 – 1678 und 1680 – 1685 wurden zwischen 1966 und 1982 ausrangiert. Der De 4/4 1685 wurde 1967 nach einem Kabelbrand in den Jahren 1971/72 in eine Umrichterlokomotive (Be 4/4 12001) umgebaut, verschwand dann Ende 1981 aber ebenfalls. Erhalten geblieben sind bis heute die De 4/4 1678 und 1679: während der 1678 wieder in blauweißem Anstrich als Fe 4/4 18518 im Verkehrshaus der Schweiz ausgestellt ist, gehört der De 4/4 1679 zum Fuhrpark der SBB Historic, ist in Buchs SG stationiert und wird für gelegentliche Anlässe und Sonderfahrten eingesetzt.

Erbauer:	**SWS, SIG, SAAS**
Baujahr:	**1927 - 1929**
Betriebsnummern:	**18501 - 18524, 18561 / 1661 - 1685**
Vmax:	**85 km/h**
Gewicht:	**59 - 65 t**
Leistung:	**815 kW**
Anstrich:	**grün, blauweiß (nach Umbau oxydrot)**
Länge über Puffer:	**15'200 mm**
Ausrangierungen:	**alle außer 1679**

Deh 4/6 914, 120 012

Rechtzeitig zur Elektrifikation der Brüniglinie von Luzern über Meiringen nach Interlaken Ost erhielt die SBB ab 1941 sechzehn elektrische Zahnrad-Gepäcktriebwagen. Damit konnte auf die Dampflokomotiven verzichtet und der Betrieb rationeller geführt werden. Die ursprünglich als Fhe 4/6, später als Dhe 4/6 bezeichneten Fahrzeuge bekamen die Betriebsnummer 901 – 916 und waren alle im typischen SBB-grün gestrichen. Die Typenbezeichnung Deh 4/6 erhielten sie im Jahr 1974. Die Fahrzeuge besaßen zwei angetriebene Drehgestelle mit zwei Achsen unter den Führerständen sowie ein Laufdrehgestell, ebenfalls mit zwei Achsen, in der Fahrzeugmitte. Ab 1984 wurden einige Fahrzeuge noch rot gestrichen. Dem De 4/4 913 wurde versuchsweise der Zahnradantrieb ausgebaut und er wurde zum De 4/4" 913. Im Jahr 1993 wurden zwölf Fahrzeuge umbezeichnet und waren als De 110 000 – 005 (mit ausgebautem Zahnrad) sowie als Deh 120 006 – 012 in Betrieb. Der Deh 4/6 915 wurde 1992 nach einem Unfall ausrangiert, die 905 und 907 konnten an die benachbarte Luzern-Stans-Engelberg-Bahn (LSE) verkauft werden (De 4/4 121 – 122, später De 110 021 – 022). Die De 110 führten noch lange Zeit bis zur Anschaffung neuer Fahrzeuge die Regionalzüge zwischen Luzern und Giswil respektive zwischen Meiringen und Interlaken Ost. Die Deh 120 hielten sich weniger lange in Betrieb. Inzwischen sind alle De 110 aus dem Bestand verschwunden. Der Deh 120 009 befindet sich als Schauobjekt« beim Verein zb historic in Alpnachstad. Der ehemalige Deh 120 011 erhielt wieder seine ursprüngliche Bezeichnung Deh 4/6 914 und gehört zusammen mit dem Deh 120 012 (Ersatzteilspender) zum Bestand der SBB Historic. Ein Teil des De 110 021 (ex LSE) steht im Verkehrshaus der Schweiz in Luzern und der De 110 022 wartet in Meiringen ausgeschlachtet auf seinen Abbruch.

Erbauer:	**SLM, BBC, MFO, SAAS**
Baujahr:	**1941 - 1942**
Betriebsnummern:	**901 - 916 (110 000 - 005, 120 006 - 012)**
Vmax:	**75 km/h**
Gewicht:	**54 t (De 110 = 40 t)**
Leistung:	**930 kW (De 110 = 894 kW)**
Anstrich:	**grün, rot, rot-weiß**
Länge über Puffer:	**14'600 mm**
Ausrangierungen:	**alle**
Verkauf / Abgabe:	**905, 907, 120 009, 120 011 und 120 012**

Deh 4/6	901	Deh 120 006	Abbruch
Deh 4/6	902	Deh 120 007	Abbruch
Deh 4/6	903	Umbau zu De 110 000	Abbruch
Deh 4/6	904	Deh 120 008	Abbruch
Deh 4/6	905	Umbau zu De 110 021 (LSE)	VHS
Deh 4/6	906	Umbau zu De 110 001	Abbruch
Deh 4/6	907	Umbau zu De 110 022 (LSE)	abgestellt
Deh 4/6	908	Umbau zu De 110 002	Abbruch
Deh 4/6	909	Deh 120 009	zb historic
Deh 4/6	910	Umbau zu De 110 003	Abbruch
Deh 4/6	911	Deh 120 010	Abbruch
Deh 4/6	912	Umbau zu De 110 004	Abbruch
Deh 4/6	913	Umbau zu De 110 005	Abbruch
Deh 4/6	914	Deh 120 011	SBB Historic
Deh 4/6	915	Kollision 1990	Abbruch
Deh 4/6	916	Deh 120 012	SBB Historic

RAe 2/4 1001, RCe 2/4 203

In den Krisenjahren der dreißiger Jahre sollte der etwas darbende Personenverkehr durch moderne Leichttriebwagen wiederbelebt werden. So beschaffte die SBB bei der SLM, BBC, MFO und SAAS zwischen 1936 und 1938 insgesamt neun Leichttriebwagen. Während die ersten sieben Fahrzeuge als elektrische Triebwagen geliefert wurden, kamen die restlichen zwei Fahrzeuge als Dieseltriebwagen in Betrieb, welche dann aber 1951 und 1953 ebenfalls auf elektrischen Betrieb umgebaut wurden. Die im Volksmund »Rote Pfeile« genannten Fahrzeuge waren zu Beginn weg in Bern stationiert und dienten hauptsächlich für Gesellschafts- und Ausflugsfahrten, kamen aber auch im regulären Betrieb zum Einsatz. Dennoch blieb der Ausflugsverkehr die Domäne der roten Pfeile, zumal bei Großandrang oft zu wenige Sitzplätze der Alleinfahrer zur Verfügung standen. Die als RAe 2/4 bzw. RBe 2/4 1001 – 1009 trugen während ihrer aktiven Dienstzeit verschiedene Bezeichnungen (CLe 2/4, Re 2/4, RCe 2/4, CLm 2/4, Rm 2/4, RCm 2/4) und Betriebsnummern (201 – 207, 601 – 607, 101 – 102 und 611 – 612). Ihre letzten Bezeichnungen waren dann RAe 2/4 1001 sowie RBe 2/4 1002 – 1009. 1964 wurden die ersten beiden Fahrzeuge, die 1008 und 1009, die ehemaligen »Dieseltriebwagen« aus dem Dienst genommen und anschließend abgebrochen. Die 1003 und 1004 quittierten 1968/69 ihren Dienst, 1005 (Brandschaden) im Jahr 1966, 1006 im Jahr 1967 und 1007 im Jahr 1975. Der 1002 hielt sich noch bis 1984 im Dienst, ein Kabelbrand beendete dann seine Karriere. Drei rote Pfeile sind der Nachwelt erhalten geblieben: der 1007 wurde an die Oensingen-Balsthal-Bahn (OeBB) verkauft und war bis 1989 hellblau gestrichen. Noch heute wird der wieder in Rot gestrichene RBe 2/4 207 von Balsthal aus für Extra- und Sonderfahrten eingesetzt. Der RAe 2/4 1001 (SBB Historic) ist als betriebsfähiger Museumstriebwagen erhalten geblieben und in Olten (früher Bern) stationiert. Der 1003 (SBB Historic), wieder als RCe 2/4 203 beschriftet, gehört zur Fahrzeugsammlung des Verkehrshauses in Luzern. Ein roter Pfeil bietet zwischen 60 (1. Kl.) und 67 Sitzplätze (2 Kl.).

Erbauer:	**SLM, BBC, MFO, SAAS**
Baujahr:	**1935 - 1938**
Betriebsnummern:	**1001 - 1009**
Vmax:	**125 km/h**
Gewicht:	**38 - 41 t**
Leistung:	**395 kW**
Anstrich:	**rot**
Länge über Puffer:	**22'400 - 25'200 mm**
Ausrangierungen:	**alle außer 1001**
Verkauf / Abgabe:	**1001, 1003 und 1007**

RAe TEE II 1053

SIG und MFO konstruierten für den internationalen Verkehr 1961 vier Viersystem-Triebzüge, 1967 kam noch ein fünftes Fahrzeug hinzu. Die als RAe TEE II bezeichneten Fahrzeuge erhielten die Nummern 1051 – 1055 und fielen bereits damals schon mit ihrem gelungenen Design und dem rotcremefarbenen Anstrich auf. Wie bei anderen Staatsbahnen auch kamen solche Züge grenzüberschreitend zum Einsatz (Amsterdam, Brüssel, Paris, Genova, Milano etc.) und repräsentierten das »goldene Zeitalter« der legendären TEE-Züge auf dem europäischen Schienennetz. 1966 erhielten die 1051 – 1054 einen zusätzlichen Zwischenwagen und waren dann als sechsteilige Kompositionen unterwegs, der 1055 wurde schon so ausgeliefert. Angetrieben ist lediglich der sechsachsige Maschinenwagen des Zuges. Nachdem die Ära der TEE-Züge endete, wurden 1988/89 alle fünf Züge umgebaut, erhielten ein graues Farbkleid, was ihnen die Bezeichnung »Graue Maus« einbrachte. Die Bezeichnung änderte sich in RABe EC. Die 1052 und 1054 verschwanden 1995 aus dem Dienst, die anderen drei Züge verdienten ihr Gnadenbrot noch als TGV-Zubringerzüge oder waren der Reserve zugeteilt. Doch Ende 1999 war dann Schluss. Die 1051 und 1055 wurden ebenfalls verschrottet. Der 1053 überlebte glücklicherweise und wurde 2003 bis 2009 wieder weitgehend in seinen Ursprungszustand versetzt. Seither fährt er für die SBB Historic Extra- und Sonderzüge, ebenfalls kann er auch für Charterfahrten gemietet werden. Der RAe TEE II 1053 gehört zu den beliebtesten und formschönsten Triebzügen auf Schweizer Gleisen und ist in Olten beheimatet.

Erbauer:	SIG, MFO
Baujahr:	1961, 1967
Betriebsnummern:	1051 - 1055
Vmax:	160 km/h
Gewicht:	296 t
Leistung:	2'310 kW
Anstrich:	rotcremefarben, grau
Länge über Puffer:	149'800 mm
Ausrangierungen:	1051 - 1052, 1054 - 1055
Verkauf / Abgabe:	1053

RBe 540 020, 052 und 069

Um dem aufkommenden Reiseverkehr zu bewältigen und ältere Fahrzeuge ausmustern zu können, beschaffte die SBB bei den Herstellern SIG, BBC und MFO sechs elektrische, vierachsige Triebwagen, welches als RBe 4/4 1401 – 1406 in Betrieb gesetzt wurden. Den sechs Prototypen folgten zwischen 1964 und 1966 noch weitere 76 Serienfahrzeuge. Die RBe 4/4 1407 – 1482 wiesen im Gegenteil zu ihren sechs Vorgängern einige wenige Unterschiede, zum Beispiel in der Dachgestaltung, auf. Die einfach aber robust gebauten Triebwagen besaßen zwei Drehgestelle unter den Führerständen. Der geräumige Passagierraum, welche in zwei Teile geteilt war, wies vor dem Umbau der Serienfahrzeuge 64 Sitzplätze in zweiter Klasse auf, danach waren es noch 60 Sitzplätze. Beliebt waren damals die Plattformen beim Einstieg, welche für die Passagiere eine gute Sicht über die Schultern des Lokpersonals erlaubte. Die zuverlässigen Triebwagen mit ihrer recht hohen Leistung kamen im Regional- und Pendelverkehr genauso zum Einsatz wie immer wieder mal im Fernverkehr.

Das Führen von schweren Personenzügen an die Expo 64 in Lausanne gehörte zu ihren ersten Aufgaben. Ein schwerer Unfall beendete bereits 1972 die Karriere des RBe 4/4 1419. Nach einem Brand 1990 musste mit dem RBe 4/4 1454 das zweite Fahrzeug ausrangiert werden. Die sechs Prototypen fanden dann auf der »Seetallinie« von Lenzburg (früher Wildegg) nach Luzern in den neunziger Jahren ihre Stammstrecke, weshalb ihre Fronten rot mit gelben Warnlinien gemalt wurden. Die Serienfahrzeuge 1407 – 1482 (ohne 1419 und 1454) durchliefen zwischen 1992 und 1996 ein Modernisierungsprogramm, bei welchem sie moderne Scheinwerfer, Schwenktüren und einen Anstrich in den Farben der »NPZ« (RBDe 560) erhielten. Neben einer technischen Aufarbeitung bekamen die Triebwagen auch eine völlig neue Inneneinrichtung. Ihre Bezeichnung hieß fortan RBe 540 006 – 079. Die sechs Prototypen verdienten, nachdem im Seetal neue Fahrzeuge Einzug hielten, noch ihr Gnadenbrot als »Schülerzüge« in der Westschweiz oder als Personalzubringer für Fahrten in die Rangierbahnhöfe. Eine allenfalls geplante Umbezeichnung in RBe 540 000 – 005 wurde nicht mehr durchgeführt. Doch danach war Schluss. Altersbedingt wurden

die Fahrzeuge ausrangiert. Der Verein DSF übernahm die beiden 1404 (Ersatzteilspender, später Abbruch) und 1405, die anderen vier Fahrzeuge wurden verschrottet. Der 1405 wird als schön her gerichteter Triebwagen immer wieder mal für Extra- und Sonderfahrten eingesetzt. Er besitzt wieder seinen ursprünglichen, grünen Anstrich und ist ein an Anlässen gern gesehener Gast. Die RBe 540 008 und 023 schieden ebenfalls durch Brände aus. Die restlichen RBe 540 standen noch bis 2016 im Regional- und Pendelverkehr im Einsatz. Mit der Anschaffung von Neufahrzeugen konnte dann aber auf die RBe 540 mehr und mehr verzichtet werden. Zwei der drei Triebwagen (020, 052 und 069) bei der SBB Historic sind betriebsfähig und werden gelegentlich bei Fitnessfahrten dem interessierten Publikum in Olten gezeigt. Die beiden an die OeBB verkauften Fahrzeuge führten jahrelang als RBe 4/4 205 und 206 die Regionalzüge zwischen Oensingen und Balsthal, konnten dann aber nach der Anschaffung eines RBDe 4/4-Prototypen weitergegeben (DSF, Swisstrain SA) werden.

Baujahr:	**1959 - 1966**
Betriebsnummern:	**1401 - 1482 / 540 006 - 079**
Vmax:	**125 km/h**
Gewicht:	**64 - 68 t / 72 t**
Leistung:	**1'988 kW**
Anstrich:	**grün, blau-weiß**
Länge über Puffer:	**23'700 mm**
Ausrangierungen:	**alle**
Verkauf:	**1404, 1405, 540 019, 540 020, 540 052, 540 069 und 540 074**

RBe 4/4	RBe 540	Verbleib
1401	----	Prototyp, Abbruch
1402	----	Prototyp, Abbruch
1403	----	Prototyp, Abbruch
1404	----	Prototyp, DSF, Ersatzteilspender, Abbruch
1405	----	Prototyp, DSF, Museumstriebwagen
1406	----	Prototyp, Abbruch
1407	540 006	OeBB (Ersatzteilspender), Abbruch
1408	540 007	Abbruch
1409	540 008	Abbruch nach Brand 1999
1410	540 009	Abbruch
1411	540 010	Abbruch
1412	540 011	Abbruch
1413	540 012	Abbruch
1414	540 013	Abbruch
1415	540 014	Abbruch
1416	540 015	Abbruch
1417	540 016	Abbruch
1418	540 017	Abbruch
1419	----	Abbruch nach Unfall 1972
1420	540 018	Abbruch
1421	540 019	an OeBB Rbe 4/4 205, danach Swisstrain SA
1422	540 020	SBB Historic, Olten
1423	540 021	Abbruch
1424	540 022	Abbruch
1425	540 023	Abbruch nach Brand 2000
1426	540 024	Abbruch
1427	540 025	Abbruch
1428	540 026	Abbruch
1429	540 027	Abbruch
1430	540 028	Abbruch
1431	540 029	Abbruch
1432	540 030	Abbruch
1433	540 031	Abbruch
1434	540 032	Abbruch
1435	540 033	Abbruch
1436	540 034	Abbruch
1437	540 035	Abbruch
1438	540 036	Abbruch
1439	540 037	Abbruch
1440	540 038	Abbruch
1441	540 039	Abbruch
1442	540 040	Abbruch
1443	540 041	Abbruch
1444	540 042	Abbruch
1445	540 043	Abbruch
1446	540 044	Abbruch
1447	540 045	Abbruch
1448	540 046	Abbruch
1449	540 047	Abbruch
1450	540 048	Abbruch
1451	540 049	Abbruch
1452	540 050	Abbruch
1453	540 051	Abbruch
1454	----	Abbruch nach Brand 1990
1455	540 052	SBB Historic, Olten
1456	540 053	Abbruch
1457	540 054	Abbruch
1458	540 055	Abbruch
1459	540 056	Abbruch
1460	540 057	Abbruch
1461	540 058	Abbruch
1462	540 059	Abbruch
1463	540 060	Abbruch
1464	540 061	Abbruch
1465	540 062	Abbruch
1466	540 063	Abbruch
1467	540 064	Abbruch
1468	540 065	Abbruch
1469	540 066	Abbruch
1470	540 067	Abbruch
1471	540 068	Abbruch
1472	540 069	SBB Historic, Olten
1473	540 070	Abbruch
1474	540 071	Abbruch
1475	540 072	Abbruch
1476	540 073	Abbruch
1477	540 074	an OeBB Rbe 4/4 206, danach DSF
1478	540 075	Abbruch
1479	540 076	Abbruch
1480	540 077	Abbruch
1481	540 078	Abbruch
1482	540 079	Abbruch

ETR 470 009 (Triebkopf)

Fiat Ferroviaria baute zwischen 1994 und 1997 neun neunteilige Triebzüge, in denen auch ein Speisewagen vorhanden war. Am Bau der Fahrzeuge waren auch noch die SWP, Vevey und Parizzi beteiligt. Die mit einer Neigetechnik ausgestatteten Züge erhielten die Bezeichnung ETR 470 001 – 009. Sie fuhren unter der Flagge der Cisalpino AG, eine Aktiengesellschaft, an welcher u.a. die SBB, die FS sowie die BLS beteiligt waren. Die auch Pendolino genannten Zweistromzüge kamen hauptsächlich auf den Achsen Zürich – Mailand, Basel – Mailand und Genf – Mailand zum Einsatz. Die komfortablen und eigentlich formschönen Züge bereiteten immer wieder große Probleme und liefen sehr unzuverlässig. Technische Störungen waren beinahe an der Tagesordnung. Den weiß gestrichenen Zügen, welche später einen silbergrauen Anstrich erhielten, war deshalb in der Schweiz kein langes Leben gegönnt. Während die Züge 001, 004, 006, 007 und 008 nach Italien verkauft wurden, nahm die SBB die restlichen vier Züge, welche unterdessen auch in deren Besitz standen, 2014/2015 aus dem Dienst. Vom Zug 470 009, welcher den Namen »Insubrico« trug, ist lediglich ein Triebkopf in der Sammlung der SBB Historic erhalten geblieben und in Olten hinterstellt. Bleibt noch zu erwähnen, dass von einem kompletten, neunteiligen Zug jeweils alle vier Achsen der Wagen 1, 2, 4, 6, 8 und 9 angetrieben waren. Ein »Cisalpino«, wie sie auch im Volksmund genannt wurden, bot 151 Sitzplätze in der ersten sowie 322 Sitzplätze in der zweiten Klasse.

Erbauer:	**Fiat Ferroviaria**
Baujahr:	**1994 - 1997**
Betriebsnummern:	**470 001 - 009**
Vmax:	**200 km/h**
Gewicht:	**441 t**
Leistung:	**6'000 kW**
Anstrich:	**weiß, silbergrau**
Länge über Puffer:	**236'600 mm**
Ausrangierungen:	**alle**
Verkauf:	**001, 004, 005, 006, 008**

Ta 969, 971 und 972

Zwischen 1911 und 1927 kamen diese vier kleinen Akkutraktoren in Betrieb. Die auch im Volksmund »Tintenfische« genannten Fahrzeuge trugen bis 1963 andere Nummern, ehe sie dann als Ta 969 – 972 bezeichnet wurden. Sie wurden durch die SBB-Hauptwerkstätte Olten erbaut und waren in Olten (969 – 971) und in Yverdon (972) stationiert. Sie dienten mit ihren Magnetpuffern ausschließlich dem Verschieben von Wagen in den Hauptwerkstätten. Die maximale Anhängelast betrug 45 Tonnen. Mit ihrem markanten Führerhaus in der Fahrzeugmitte und den beiden Vorbauten sehen sie doch ziemlich urig aus. Der Ta 970 wurde nach der Inbetriebnahme neuerer Verschubfahrzeug abgebrochen, die 969, 971 und 972 blieben erhalten. Der Ta 969 steht seit einiger Zeit in Windisch bei der SBB Historic als Denkmal, der Ta 971 stand jahrelang im Verkehrshaus der Schweiz in Luzern und befindet sich nun in der Rotonde Delémont. Der gelb gestrichene Ta 972 ist ebenfalls im Besitz der SBB Historic und ist derzeit in Olten beheimatet. Er war sogar an der Landesausstellung 1914 in Bern ausgestellt. Für die Industrie wurden im selben Zeitraum einige wenige, ähnliche Traktoren erbaut.

Erbauer:	SBB Hauptwerkstätte Olten
Baujahr:	1911 - 1927
Betriebsnummern:	969 - 972
Vmax:	10 km/h
Gewicht:	7 t
Leistung:	4 kW
Anstrich:	rotbraun, gelb
Länge über Puffer:	3'300 mm
Ausrangierungen:	alle
Verkauf / Abgabe:	969, 971 und 972

Ta 251 966, 003

1987 erhielten die SBB einen Prototyp von Batterietraktor, welcher die Bezeichnung Ta 966 erhielt und äußerlich dem zuvor gelieferten Ta 974 sehr ähnlich sieht. 1990 kamen mit den Ta 251 002 – 005 vier gleiche Fahrzeuge hinzu. Die zweiachsigen Fahrzeuge verfügen über Magnetpuffer, welche ihnen den Übernamen »Tintenfische« einbrachten. Hauptzweck der Fahrzeuge ist das Rangieren einzelner Wagen innerhalb des Werkstattareals. Im Gegensatz zum Ta 966 sind die Ta 251 002 – 004 zum späteren Einbau einer Funkfernsteuerung ausgelegt, der Ta 251 005 wurde schon mit einer solchen ausgeliefert und durfte sich damals das erste, vollständig ferngesteuerte Triebfahrzeug der SBB nennen. Bei einem Brand in Olten wurden die beiden »Tintenfische« Ta 966 (unterdessen 251 966 und der 251 003 beschädigt. Während sich der Ta 251 966 schon zuvor im Bestand der SBB Historic befand, kam der Ta 251 003 später hinzu. Beide Fahrzeuge sind zurzeit in Olten eingestellt.

Erbauer:	**Stadler**
Baujahr:	**1987, 1990**
Betriebsnummern:	**966, 251 002 - 005**
Vmax:	**10 km/h**
Gewicht:	**7 t**
Leistung:	**9 kW**
Anstrich:	**rot**
Länge über Puffer:	**3'318 mm**
Ausrangierungen:	**alle (formell)**
Verkauf / Abgabe:	**251 966, 251 003 und 251 005**

Te‴ 177

41 elektrische, zweiachsige Traktoren kamen zwischen 1965 und 1966, durch SLM und MFO erbaut, in Betrieb. Sie dienten dem Rangiermanöver auf eher größeren Bahnhöfen, auf welchen der Großteil der Anschluss- und Abstellgleise elektrifiziert waren. Beim Te‴ 179 handelt es sich allerdings um den ehemaligen Te‴ 11 der Sensetalbahn (STB), welcher von der SBB 1968 übernommen wurde. Die rotbraun gestrichenen Traktoren verfügten über zwei Rangierplattformen und einen endseitig angebrachten Führerstand. Bis 2002 stand die ganze Fahrzeugserie komplett im Einsatz. Aufgrund ihres rein elektrischen Antriebs kamen sie für einen Weiterverkauf als Werktraktoren (für Firmen) nicht in Frage, da bei vielen Firmen ihr Gleisanschluss nicht elektrifiziert ist. Mit den 2016 ausrangierten Te‴ 157 und 176 (beide in Locarno) endetet der Betrieb der Te‴-Traktoren auf den Gleisen der SBB, sieht man mal vom Te‴ 144 ab, welcher noch eine Zeitlang intern in Genève fürs Manöver gedient hat. Der Te‴ 177, welcher zwischenzeitlich auch mal der Reserve in Winterthur zugeteilt war, ging im Jahr 2008 in den Bestand der SBB Historic über und ist in Olten stationiert. Die Te‴ 147 und 155 sind ebenfalls noch in der Westschweiz (MBC, ex BAM) in Morges vorhanden. Die Post besaß ein baugleiches Fahrzeug (PTT 5), welches später an die BLS verkauft und dort nach einiger Zeit abgebrochen wurde. Die SOB (ex BT) besitzt mit dem Te 212 080 (ex Te‴ 35) in Herisau noch ein solches Fahrzeug, die Armee besaß einen Te‴ in Bure, welcher aber durch den Verein DSF übernommen werden konnte.

Erbauer:	**SLM, MFO**
Baujahr:	**1965 - 1966**
Betriebsnummern:	**139 - 179**
Vmax:	**60 km/h**
Gewicht:	**28 t**
Leistung:	**245 kW**
Anstrich:	**rotbraun, rot**
Länge über Puffer:	**6'640 mm**
Ausrangierungen:	**alle**
Verkauf / Abgabe:	**147, 155 und 177**

Tem" 277, 281 und 285

Für das Manöver auf mittelgroßen Bahnhöfen beschaffte die SBB 1967 insgesamt 23 zweiachsige Rangiertraktoren (Tem" 276 – 298), welche über einen elektrischen sowie einen Dieselantrieb verfügen. Die durch die Firmen Tuchschmid, SLM, MFO und Saurer erbauten Fahrzeuge bewährten sich gut und die Fahrzeugserie stand bis 2005 im Einsatz. Bis 2010 waren außer den beiden Tem" 284 und 291, welche sich auch heute noch bei der SBB befinden, alle Fahrzeuge ausrangiert worden. Dank ihrer Zuverlässigkeit und dem Vorteil des Zweikraftantriebs konnten diverse Traktoren an Firmen oder Museumsbahnen weiterverkauft werden, wo sie auch heute noch treue Dienste leisten. Mit den drei Tem" 277, 281 und 285 konnte die SBB Historic gleich drei Traktoren übernehmen. Sie sind in Olten, Rapperswil und Buchs SG stationiert und machen sich hauptsächlich für das werksinterne Manöver und dem Verschieben oder Zusammenstellen des historischen Wagenmaterials nützlich.

Erbauer:	Tuchschmid, SLM, MFO, Saurer
Baujahr:	1967
Betriebsnummern:	276 - 298
Vmax:	60 km/h
Gewicht:	26 t
Leistung:	120 kW (elektrisch) / 65 kW (Dieselbetrieb)
Anstrich:	rotbraun, rot
Länge über Puffer:	6'700 mm
Ausrangierungen:	alle ausser 284 und 291
Verkauf / Abgabe:	276, 277, 278, 279, 281, 285, 287, 288, 292, 295, 296, 298

Tem''' 351

Zwischen 1957 und 1962 kamen für die SBB 42 durch die SLM, BBC und SAAS erbaute Rangiertraktoren in Betrieb. Den als Tem''' 324 – 365 bezeichneten Zweikrafttraktoren (Diesel / elektrisch) gingen drei sehr ähnliche Prototypen voraus (Tem''' 321 – 323, ACMV 1954 – 1955), von denen aber keiner mehr existiert. Bis 1963 waren die Fahrzeuge als Tem 4 – 45 bezeichnet. Der Vorteil dieser Rangiertraktoren lag darin, auch auf größeren Bahnhöfen auf fahrdrahtlosen Anschlussgleisen rangieren zu können. Bei den Tem''' 324 – 343 wurde in den Jahren 1963 – 1968 die Druckluftbremse in eine Anhängerbremse umgebaut, bei den 344 – 365 war diese seit Beginn weg ein Bestandteil des Fahrzeugs. Typische Stationierungsorte damals waren Bahnhöfe wie Sion, Zofingen, Pfäffikon SZ, Laufenburg etc. Ein Teil der ursprünglich rotbraun gestrichenen Fahrzeuge erhielt anhand von Revisionen einen roten Anstrich. Die robust gebauten Traktoren haben zwei Rangierplattformen, die Führerkabine befindet sich am Ende des Fahrzeugs. 1996 schied mit dem Tem''' 327 das erste Fahrzeug aus. Die restlichen Fahrzeuge verschwanden bis ca. 2015, nur der Tem''' 325 hielt sich noch bis 2019 in Chiasso im Rangierdienst, wurde dann aber auch abgebrochen. Insgesamt sechs Tem''' blieben vorerst der Nachwelt erhalten, fünf davon existieren bis heute noch: 329 dient im Vallée-de-Joux (Travys SA) als Rangiertraktor, 334 ist bei Club 22-70 vorhanden und 343 beim Verein Extrazug.ch in Langnau i.E. Während der 351 bei der SBB Historic in Winterthur stationiert ist, fand der 354 im Tösstal beim Dampfverein Zürcher Oberland (DVZO) in Bauma ein neues Arbeitsfeld. Der 356 ging als Ersatzteilspender zusammen mit dem 329 zur Travys, existiert aber heute nicht mehr. Die Länge über Puffer der drei Prototypen war lediglich 7'040 mm.

Erbauer:	**SLM, BBC, SAAS**
Baujahr:	**1956 - 1962**
Betriebsnummern:	**324 - 365**
Vmax:	**60 km/h**
Gewicht:	**32 t**
Leistung:	**260 kW (elektrisch) / 145 kW (Dieselbetrieb)**
Anstrich:	**rotbraun, rot**
Länge über Puffer:	**7'290 - 7'350 mm**
Ausrangierungen:	**alle**
Verkauf / Abgabe:	**329, 334, 343, 351, 354 und 356**

Tm 464

36 Breuer Traktoren des Typs III wurden zwischen 1928 und 1930 an die SBB ausgeliefert. Diese kleinen Rangiertraktoren mit ihrem markanten, schmalen Aufbau wurden noch ohne Dach ausgeliefert, bekamen dann aber bei der SBB eines aufgebaut. Die mit einer Stangenkupplung versehenen Fahrzeuge dienten hauptsächlich dem Verschieben von einzelnen Wagen. Bis 1965 wurden alle Traktoren ausrangiert, einige davon konnten an Privatbahnen (z.B. BT) oder Firmen (Bahnhof Kühlhaus Basel AG, Lagerhaus Kloten etc.) weiterverkauft werden, der größte Teil davon existiert aber nicht mehr. Der Tm 464 wurde zwar erst 1963 noch in Tm 891 umnummeriert und stand dann noch in der Werkstätte Biel im Einsatz. Er wurde aber schon relativ früh für das Verkehrshaus der Schweiz in Luzern reserviert und kann dort seit 1982 besichtigt werden. Noch zu Dienstzeiten wurde das Fahrzeug mit einer Wurfhebelbremse ausgerüstet. Des Weiteren besaßen die SBB auch 17 Traktoren des Typs IV (Breuer), die Tm 401 – 417, welche aber über einen geschlossenen Aufbau verfügten.

Erbauer:	Breuer
Baujahr:	1928 - 1930
Betriebsnummern:	431 - 465, 899
Vmax:	15 km/h
Gewicht:	4 t
Leistung:	30 kW
Anstrich:	braun (?), grün
Länge über Puffer:	2'870 mm
Ausrangierungen:	alle
Verkauf:	438, 439, 442, 446, 449, 452, 455, 457, 459, 460, 462, 463, 465, 899

Tm‘ 453, 475 und 480

Nachdem sieben Prototypen (401 – 406, 896) an die SBB geliefert wurden, erbauten die beiden Hersteller RACO und CMR zwischen 1960 und 1965 insgesamt 107 kleine, zweiachsige thermische Rangiertraktoren. Markant an den Fahrzeugen war der am Ende gelegene Führerstand und auf der anderen Fahrzeugseite die »Motorhaube«. Die Leistungsübertragung erfolgte mechanisch mittels einer Kette, das Schaltgetriebe wies fünf Gänge auf. Die 107 Serienfahrzeuge unterschieden sich in einigen Details von den sieben Prototypen. Ihr Hauptzweck war das Manöver auf kleineren und mittelgroßen Bahnhöfen. Die Tm' 407 – 513 waren alle rotbraun gestrichen, diverse erhielten anhand von Revisionen einen roten Anstrich. Sämtliche Fahrzeuge waren mit einer Rangierkupplung ausgerüstet. 1987 wurde mit dem Tm' 408 das erste Fahrzeug ausrangiert, heute sind alle Tm' aus dem Bestand der SBB verschwunden. Als letzter verschwand vor einigen Jahren der Tm' 463, nachdem er sich noch für leichte Manöver beim Depot Luzern nützlich gemacht hatte. Einerseits ging dann das Alter an den Traktoren nicht spurlos vorbei und auch mit einer Leistung von max. 90 kW waren Grenzen gesetzt. Andererseits verloren die Traktoren mit der Umstrukturierung ihr typisches Arbeitsfeld je länger je mehr. Diverse Tm' fanden bei Firmen, bei Privatpersonen bei Museumsbahnen oder gar im Ausland eine neue Bleibe. Die SBB Historic übernahm drei Tm'-Traktoren und setzt sie üblicherweise an den Standorten Olten, zuvor Vallorbe (453), Delémont (475) und Buchs SG (480) für das Manöver der historischen Fahrzeuge ein. Die Fahrzeuge erhielten Übernamen wie »Micky Mouse« oder auch »Spitzmaus«. Jene mit einem Deutz-Dieselmotor ausgestatteten Fahrzeugen wogen 13 Tonnen.

Erbauer:	**RACO, CMR**
Baujahr:	**1960 - 1965**
Betriebsnummern:	**407 - 513**
Vmax:	**45 km/h (70 km/h geschleppt)**
Gewicht:	**10 - 13 t**
Leistung:	**66 - 90 kW**
Anstrich:	**rotbraun, rot**
Länge über Puffer:	**5'190 mm**
Ausrangierungen:	**alle**
Verkauf / Abgabe:	**403, 409, 411, 413, 414, 415, 418, 419, 420, 421, 425, 427, 429, 432, 433, 436, 440, 446, 447, 448, 450, 453, 458, 459, 460, 463, 465, 470, 472, 475, 477, 479, 480, 485, 501, 502, 505, 507 und 512**

Liste der verbliebenen Tm' - Traktoren	
403	an Prébeton SA, Avenches Werktraktor, vermutlich abgestellt
409	in Privatbesitz, Olten (abgestellt)
411	an BABHE (Armee) Laupen BE, danach RUAG Altdorf, Werktraktor
413	in Privatbesitz, Le Locle, nach «Werktraktor» abgestellt
414	an Scherer & BühlerAG, Meggen, danach an DSF
415	an Eisengiesserei Ed. Mezger AG, Kallnach, Werktraktor, vermutlich abgestellt
418	an Ferriere Cattaneo SA, Giubiasco, Werktraktor
419	an Retripa Valais SA, Vétroz (Ardon), Werktraktor
420	an PBr / CTVJ, Tm' 102
421	an RM / BLS, Tm 236 316, danach DSF, danach nach Frankreich verkauft
425	an CSG / Swiss Rail Park St. Gotthard, Biasca
427	an Vaporoid AG, Turtmann, Werktraktor
429	an Brenntag Schweizerhall AG, Avenches, Werktraktor
432	an Prodo SA, Domdidier (abgestellt)
433	an Chocolat Frey, Suhr, danach an Tecsol AG, Wangen bei Olten
436	an Kentaur AG, Lützelflüh, Werktraktor
440	an Silo Wil AG , Wil, Werktraktor
446	an J.-J. Bader SA, Conthey, Werktraktor
447	an Coop, Vufflens-la-Ville, später Acclens, danach privat (Turtmann)
448	an Schälmühle E. Zwicky AG, Müllheim - Wigoltingen, Werktraktor

Liste der verbliebenen Tm' - Traktoren	
450	an Rhenus Logistics, Romanshorn, danach an Viafier by Rail, Kreuzlingen
453	an SBB Historic, Standort Olten, zuvor Vallorbe
458	an Travys SA, danach an Association 141 R 568, Vallorbe
459	an Bourquin SA, Oensingen, Werktraktor
460	an Migros, San Antonino, danach CSG / Swiss Rail Park St. Gotthard, Biasca
462	an Dampflok - Depot Full - Reuenthal (Verein 241 A 65)
465	an Verein Historische Seethalbahn, Hochdorf
470	in Privatbesitz, Linthal (abgestellt)
472	an Trottet Récupération SA, Collombey, Werktraktor
475	an SBB Historic, Standort Delémont
477	an Kaufmann Recycling, Givisiez, danach an IG Schiene Schweiz (zZ in Sargans)
479	an Silo AG, Olten, Werktraktor
480	an SBB Historic, Standort Buchs SG
485	an BABHE (Armee), Gampel-Steg, danach Verein Dampfgruppe Zürich, Depot F
501	an Perlen Papier AG, Perlen, danach Altpapier Service Schweiz AG , Wiler, Werktraktor
502	an Metso Paper AG, Delémont (abgestellt)
505	an Stihl Kettenwerk Schweiz GmbH, Wil, Werktraktor
507	an Landi Val-de-Ruz, Les Hauts-Geneveys, Werktraktor
512	an Zuckermühle Rupperswil, danach an Duvoisin Groux SA, Bussigny, Werktraktor

Einige nach ihrer Ausrangierung weiterverkauften Tm' - Traktoren wurden unterdessen abgebrochen

Tm“ 611 und 620

RACO lieferte zwischen 1950 und 1968 total 253 kleinere Traktoren an die SBB. Innerhalb dieser zweitgrößten Fahrzeugserie für die SBB gab es einige bauliche Unterschiede. Die Traktoren bewährten sich gut und sie kamen schweizweit auf SBB-Gleisen für den Baudienst, den Fahrleitungsdienst oder auch für das Manöver zum Einsatz. Einige der rotbraun gestrichenen Traktoren erhielten anlässlich von Revisionen noch ein rotes Farbkleid. Bereits 1972 schied das erste Fahrzeug unfallbedingt aus. Mit der Anschaffung von neuen und leistungsfähigeren Fahrzeugen konnte auf die Tm″ mehr und mehr verzichtet werden. Bei der SBB selber sind noch vier Fahrzeuge vorhanden, ein beachtlicher Teil wurde an Firmen, Privatpersonen, Museumsbahnen oder ins Ausland verkauft. Während der Tm″ 611 direkt in den Besitz der SBB Historic (Olten) überging, gehörte der Tm″ 620 jahrelang zum Bestand der HEG (Historische Eisenbahngesellschaft), ehe er mit anderem historisch wertvollen Rollmaterial der HEG in den Bestand der SBB Historic überging. Der Tm″ 620 befindet sich in Delémont.

Erbauer:	**RACO, Saurer**
Baujahr:	**1950 - 1968**
Betriebsnummern:	**601 - 853**
Vmax:	**45 km/h**
Gewicht:	**10 t**
Leistung:	**70 kW**
Anstrich:	**rotbraun, rot**
Länge über Puffer:	**5'240 mm**
Ausrangierungen:	**alle außer 635 und 647**
Verkauf:	**diverse**

Tm''' 9574

Dieser typische Baudiensttraktor, 1980 durch die Firma RACO erbaut, gehörte zu einer Serie von 90 Fahrzeugen, welche in den Jahren 1976 bis 1987 erbaut wurden. Die Fahrzeugserie, deren Dieselmotoren von Saurer stammten, diente hauptsächlich für Arbeits- und Dienstzüge, welche schweizweit auf dem gesamten SBB-Netz zum Einsatz kamen. Zwischen 2003 und 2006 wurden 52 Fahrzeuge davon modernisiert und kamen fortan als Tm 232 001 – 052 für denselben Zweck zum Einsatz, die restlichen Fahrzeuge wurden an Privatbahnen, Museumsbahnen, Vereine oder ins Ausland verkauft. Bei der SBB selber ist kein Tm''' in der Ursprungsvariante erhalten geblieben. Der Tm''' 9574, immer noch in seinem rotbraunen Anstrich, ging in den Bestand der SBB Historic über und ist derzeit in Delémont stationiert. Zu SBB-Zeiten war er u.a. dem Bahndienst in Lausanne zugeteilt.

Erbauer:	**RACO**
Baujahr:	**1976 - 1987**
Betriebsnummern:	**9501 - 9543, 9551 - 9597**
Vmax:	**60 km/h**
Gewicht:	**24 t**
Leistung:	**165 kW**
Anstrich:	**rotbraun, rot**
Länge über Puffer:	**8'740 mm**
Verkauf:	**diverse**
Umbau:	**diverse (52 Fahrzeuge)**

Xrotd 100 »Rotary«

1896 lieferte die Firma Henschel & Sohn aus Kassel (D) mit der Fabriknummer 4309 diese imposante Dampfschneeschleuder an die damalige Gotthardbahn (GB). Eigentlich wollte die GB die Schneeschleuder damals bei der SLM kaufen, welche aber aus Kapazitätsgründen vom Bau absehen musste. Das nicht selbst fahrende Dienstfahrzeug besteht aus einem vierachsigen Wagen, auf dem der Fahrzeugkasten mit dem angebauten Schleuderaggregat aufgebaut ist. Während die beiden vorderen Achsen ein Laufdrehgestell bilden, sind die beiden hinteren Achsen fest im Rahmen gelagert. Der zweiachsige Tender stammt von einer Lokomotive der Serie D 3/3 51 – 56. Als Schublokomotiven kamen hauptsächlich die »Krokodil«-Lokomotiven Be 6/8 resp. Ce 6/8 zum Einsatz, es kam aber auch vor, dass die Xrotd 100 von C 5/6-Dampflokomotiven geschoben wurde. Über dem beinahe drei Meter großen Schleuderrad thront das Wappen das Kantons Uri, da die Schneeschleuder in Erstfeld stationiert war. Mit der Anschaffung von neuen Schneeschleudern 1967/68 bzw. 1982 konnte auf die auch »Rotary« genannte Xrotd 100 verzichtet werden und so stand sie das letzte Mal 1975 im Einsatz. Nach einigen Einsätzen zu Demonstrationszwecken fand die Xrotd 100, welche sich im Besitz der SBB historic befindet und nach einer äusserlichen Auffrischung im Verkehrshaus eine neue Bleibe. Zur großen Überraschung wurde die Xrotd 100 im 2021 wieder aus dem Verkehrshaus geholt und ist seither in Brugg AG stationiert. Die Wurfweite der Xrotd 100 (nach anderen Quellen auch als Xrotm oder nur Xrot 100 bezeichnet), beträgt 90 Meter! Der Tender hat ein Fassungsvermögen von 1,5 m3 Wasser sowie 4,3 Tonnen Kohle.

Erbauer:	Henschel, Kassel (D)
Baujahr:	1896
Betriebsnummer:	100
Vmax:	10 km/h (Schleuderbetrieb)
Gewicht:	87 t
Schleuderleistung:	800 PS
Anstrich:	braun
Länge über Puffer:	17'172 mm
Verkauf / Abgabe:	100

Dm 3367, 3401 und 3654, Dhm 3952

Die SBB besaßen eine Reihe unterschiedlicher Motordraisinen, welche durch Hersteller wie Asper oder Condor im Zeitraum von 1897 bis 1949 erbaut wurden und auf die ganze Schweiz verteilt waren. Hauptzweck dieser Kleinmotorfahrzeuge waren Inspektionsfahrten für den Bahnmeister, zugeteilt waren sie damals u.a. den Abteilungen zum Unterhalt elektrischer Anlagen. Neben einigen Einzelgängern und Exoten waren bei der SBB vor allem die Typen 4, 5, 5a und 6 verbreitet. Die Draisinen erfüllten ihren Zweck und die letzten Exemplare verschwanden in den achtziger Jahren von den Schienen. Eine erstaunliche Anzahl dieser Fahrzeuge blieb bis heute erhalten. Während bei Museumsbahnen oder Vereinen noch Draisinen vorhanden sind, ging auch eine kleine Anzahl an Fahrzeugen an Privatpersonen über. Für die ehemalige Brünig-Linie der SBB (heute Zentralbahn) lieferte Asper drei Zahnraddraisinen an die Brünigbahn (Dhm 3952, 3962 und 3963) sowie die Firma Condor ein viertes Fahrzeug (Dhm 3964). Im Bestand der SBB Historic befinden sich vier Draisinen: Dhm 3952 (ex Brünig-Linie, im Verkehrshaus ausgestellt), Dm 3367 (Asper Typ 5a), 3401 (Condor) und 3654 (Condor). Eine Besonderheit war die »Filmdraisine« Dm 3683, welche 1962 auf besondere Bestellung für die Landesausstellung Expo 64 umgebaut wurde und mit einer um 360 Grad schwenkbaren Kamera ausgestattet war. Allerdings existiert dieses Fahrzeug heute nicht mehr. Bei den ehemaligen Dm 3681 – 3689 handelte es sich um Draisinen mit dem Aussehen eines VW-Kastenwagens. Zuvor gab es auch größere Anzahl durch die Firma Oehler erbaute Handhebeldraisinen.

Erbauer:	**Asper, Condor**
Baujahr:	**1897 - 1949**
Betriebsnummern:	**diverse (siehe Tabelle)**
Vmax:	**4 - 45 km/h**
Gewicht:	**0,12 - 1,8 t**
Leistung:	**2,9 - 32 kW**
Länge über Puffer:	**1'800 mm - 4'400 mm**
Anstrich:	**rotbraun, dunkelgrün**

Liste der SBB - Draisinen (soweit bekannt)

3007, 3012, 3013	Asper	Typ 4
3051	Asper	Typ 5
3101 - 3109	Asper	Typ 2 A
3151 - 3180	Asper	Typ 2 A
3201 - 3228, 3251 - 3290	Asper	Typ 5
3301 - 3321, 3351 - 3367	Asper	Typ 5 A
3401 - 3404	Condor	
3551 - 3553	Asper	
3554 - 3555	Asper	
3601 - 3630	Asper	Typ 5 B
3631 - 3635	Condor	Typ 36
3641 - 3642	Condor	Typ 36
3651 - 3678	Condor	
3681 - 3689	Condor	

Heute noch vorhandene ehemalige SBB - Motordraisinen (soweit bekannt)

Dm 3175	DSF, Koblenz (?)
Dm 3310	DSF, Koblenz
Dm 3314	DSF, Koblenz
Dm 3321	Bahnmuseum Kerzers
Dm 3351	DSF, Koblenz
Dm 3355	DSF, Koblenz
Dm 3360	in Privatbesitz
Dm 3364	DSF, Koblenz
Dm 3367	SBB Historic
Dm 3401	SBB Historic
Dm 3402	DSF, Koblenz
Dm 3612	DSF, Koblenz
Dm 3629	DSF, Koblenz
Dm 3632	DVZO, Bauma
Dm 3634	CSG, Bodio / Mendrisio (?)
Dm 3635	DSF, Koblenz
Dm 3641	DSF, Koblenz
Dm 3652	in Privatbesitz
Dm 3653	in Privatbesitz
Dm 3654	SBB Historic
Dm 3656	in Privatbesitz
Dm 3657	DSF, Koblenz
Dm 3661	DSF, Koblenz
Dm 3663	Denkmal St-Léonard (Privatbesitz)
Dm 3672	DSF, Koblenz
Dhm 3952	SBB Historic, VHS (Zahnraddraisine, Brünig - Linie)
Dhm 3964	DSF, Koblenz

ABKÜRZUNGEN/QUELLENNACHWEIS

Abkürzung	Bezeichnung
ACMV	Ateliers de constructions mécaniques SA, Vevey
BAM	Chemin de fer Bière - Apples - Morges
BB	Bödelibahn
BBC	AG Brown Boveri & Cie, Baden
BLS	Bern - Lötschberg - Simplon - Bahn / BLS Lötschbergbahn AG
BT	Bodensee - Toggenburg - Bahn
CJ	Chemin de fer du Jura
CMR	Construcstions mécaniques SA, Renens
CSG	Club del San Gottardo, Mendrisio
CTVJ	Compagnie du Train à Vapeur de la Vallée de Joux
DSF	Verein Depot und Schienenfahrzeuge Koblenz
DVZO	Dampfbahn - Verein Zürcher Oberland
EDG	Eisenbahndienstleister GmbH
Esslingen	Maschinenfabrik Esslingen, Esslingen am Neckar (D)
ETCS	European Train Control System (Zugsicherung)
FFA	Flug- und Fahrzeugwerke Altenrhein
GB	Gotthardbahn
GBT	Gotthard - Basistunnel
HEG	Historische Eisenbahngesellschaft, Delémont
JS	Jura - Simplon - Bahn
KLB	Kriens - Luzern - Bahn
Krauss	Krauss - Maffei AG, München - Allach
LBT	Lötschberg - Basistunnel
Maffei	Maffei - Werke, München (D)
MAN	Maschinenfabrik Augsburg - Nürnberg
MBC	Transports de la région Morges Bière Cossonay SA
MFO	Maschinenfabrik Oerlikon, Zürich - Oerlikon
NBS	Neubaustrecke Mattstetten - Rothrist
NOB	Nordostbahn
OeBB	Oensingen - Balsthal - Bahn
PBr	Chemin de fer Pont - Brassus
RACO	Robert Aebi & Co, Zürich
SAAS	SA des Ateliers de Sécheron, Genève
SACM	Société alsacienne de constructions mécaniques, Mulhouse, Graffenstaden et Belfort
SCB	Schweizerische Centralbahn
SIG	Schweizerische Industriegesellschaft, Heuhausen am Rheinfall
SLM	Schweizerische Lokomoitv- und Maschinenfabrik, Winterthur
SNB	Schweizerische Nordbahn
SRT	Swiss Rail Traffic
SWP	Schindler Waggon AG, Pratteln
SZU	Sihltal - Zürich - Uetliberg - Bahn
Travys	Transports Vallée de Joux–Yverdon-les-Bains–Ste-Croix
TTB	Tösstalbahn
VSB	Vereinigte Schweizer Bahnen

Verwendete Quellen:

Generalsekretariat SBB, 1997, SBB Dampflokomotiven

Gohl, Ronald, Schweizer Bahnen der 1980er - Jahre, Editison Lan

Gohl, Ronald, Eisenbahn - Fahrzeugkatalog 11, Sonderausgabe, 1997, Gera Nova

Jeanmaire, Claude, Die Schweizerischen Bundesbahnen, erster Teil, 1970

Lökeli - Journal, 4/94

SBB, Verzeichnis der Kleinmotorfahrzeuge 401.6, 1989

Schneeberger, Hans, Die elektrischen und Dieseltriebfahrzeuge der SBB 1904 - 1955, Minirex Verlag

Seifert, Cyrill, Loks der SBB, transpress, 2014

Seifert, Cyrill, Dampfloks der Schweiz, transpress, 2019

SVEA, 2006, Der Dampfbetrieb der schweizerischen Eisenbahnen 1847 - 2006

VRS, Hermann Raabe, Verzeichnis der Triebfahrzeuge der SBB mit Elektro- und Verbrennungsmotoren, 2000

VRS, Jarne Sébastien, Lieferverzeichnis der Firma RACO, 2010

Willen, Peter, 1988, Lokomotiven und Triebwagen der Schweizer Bahnen, Band 1 SBB

Wikipedia

35
J-S 35

WEITERE INTERESSANTE BÜCHER ZUM THEMA

Loks und Triebwagen der ÖBB
Österreichische Bundesbahnen seit 1947

Alle Lokomotiven und Triebwagen der Österreichischen Bundesbahnen (ÖBB) präsentiert Roland Beier in Wort und Bild – mit neuen Fahrzeugen, bewährten Baureihen und erhaltenen Loks. Die wichtigsten technische Daten sowie ein Abkürzungsverzeichnis vervollständigen dieses Buch.
144 Seiten, 130 Abbildungen,
Format 210 x 280 mm
ISBN 978-3-613-71646-9
€ 19,95 / € (A) 20,60

Schmalspurbahnen in der Schweiz
Alle Lokomotiven und Triebwagen

Der Schweizer Bahnexperte Cyrill Seifert beschreibt auf ca. 256 Seiten sämtliche Triebfahrzeugtypen der Schweizer Schmalspurbahnen (inklusive RhB und MGB).
Sein neues Buch bietet eine vollständige Übersicht, wie es sie schon seit vielen Jahren nicht mehr gab.
288 Seiten, 350 Abbildungen,
Format 230 x 265 mm
ISBN 978-3-613-71626-1
€ 34,90 / € (A)40,80

Per Express durchs Herz der Schweiz
Mit der Bahn vom Bodensee zum Genfer See

Eine Reise durch das Herz der Schweiz offenbart die Vielfalt des Schienenverkehrs in der Eidgenossenschaft. Hans-Bernhard Schönborn berichtet anschaulich und kompetent über die Geschichte und Gegenwart der verschiedenen Verkehrsmittel.
208 Seiten, 384 Abbildungen,
Format 230 x 265 mm
ISBN 978-3-613-71597-4
€ 29,90 / € (A) 30,80

Die Dampfschneeschleudern der RhB

Seit Ende des 19. Jahrhunderts arbeiteten Ingenieure an der Konstruktion von Schneeschleudern, die die Schienenwege von Schnee und Eis befreien sollten. Heute gibt es nur noch wenige dieser außergewöhnlichen Fahrzeuge zu bewundern, vor allem in der Schweiz.
160 Seiten, 300 Abbildungen,
Format 230 x 265 mm
ISBN 978-3-613-71625-4
€ 29,90 / € (A) 30,80

Leseproben zu allen Titeln auf unserer Internetseite